工业产业集群区域品牌建设机理和模式研究

Gongye Chanye Jiqun Quyu Pinpai Jianshe Jili He Moshi Yanjiu

唐中君 吴天为 著

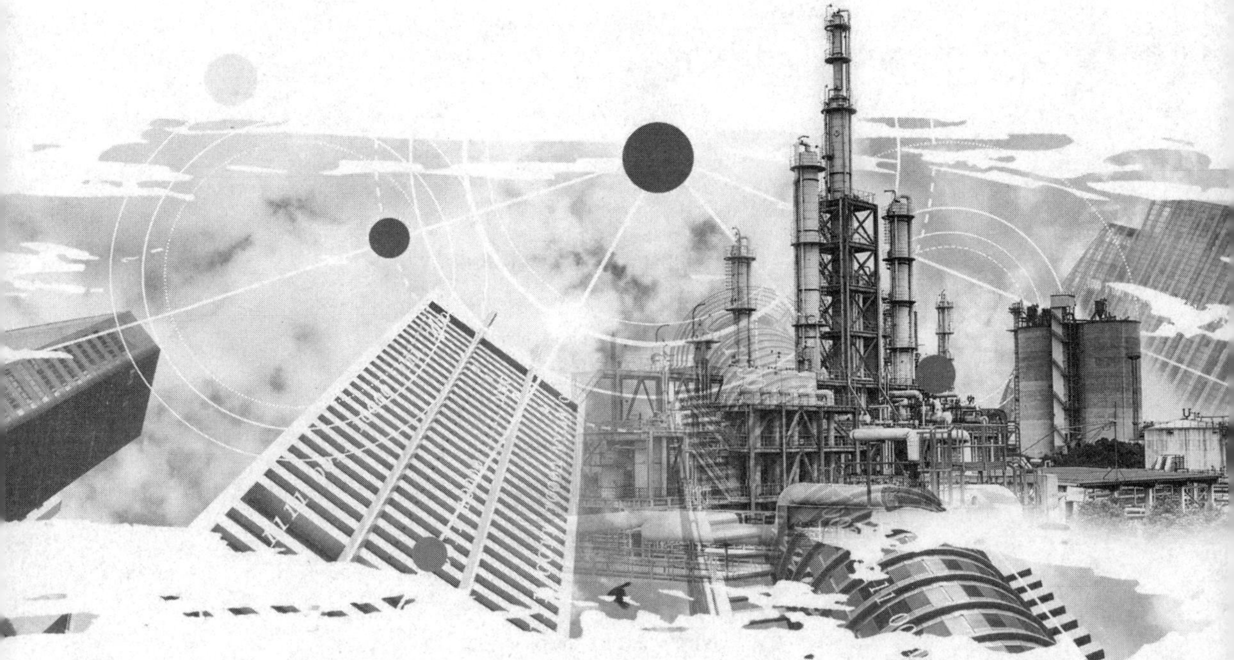

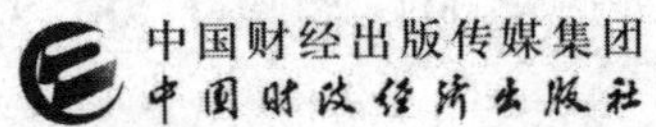

图书在版编目（CIP）数据

工业产业集群区域品牌建设机理和模式研究 / 唐中君，吴天为著. -- 北京：中国财政经济出版社，2020.8

ISBN 978-7-5095-9877-1

Ⅰ.①工… Ⅱ.①唐… ②吴… Ⅲ.①地方工业经济-经济联合体-品牌战略-研究-深圳 Ⅳ.①F427.653

中国版本图书馆 CIP 数据核字（2020）第 109918 号

责任编辑：周桂元　　责任校对：张　凡

封面设计：卜建辰　　责任印制：张　健

中国财政经济出版社 出版

URL：http://www.cfeph.cn

E-mail：cfeph@cfeph.cn

社址：北京市海淀区阜成路甲 28 号　邮政编码：100142

营销中心电话：010-88191537

三河市宏图印务有限公司印刷　各地新华书店经销

787×1092 毫米　16 开　11.25 印张　164 000 字

2020 年 8 月第 1 版　2020 年 8 月河北第 1 次印刷

定价：48.00 元

ISBN 978-7-5095-9877-1

（图书出现印装问题，本社负责调换）

本社质量投诉电话：010-88190744

打击盗版举报热线：010-88191661　QQ：2242791300

前　言

为落实《工业转型升级规划》，加强产业集群区域品牌建设，2014—2018 年工业和信息化部组织开展了产业集群区域品牌建设试点示范工作。该工作推进以来，已有示范区域品牌 6 个，共四批试点区域品牌。这些示范试点区域品牌在产业和区域等方面都具有广泛的代表性，积累了大量的区域品牌创建经验，为产业集群创建区域品牌提供了很好的借鉴。但是这些经验仍处于零散状态，欠缺对区域品牌创建的一般性规律总结，亟待深入调查，挖掘一般性规律，总结提出区域品牌创建的典型模式和机理。

受工业和信息化部科技司委托，北京工业大学 2017 年承担并完成了“产业集群区域品牌建设全国性典型示范试点经验调查”项目。该项目旨在调查产业集群区域品牌建设典型经验，总结提出产业集群区域品牌建设的一般性规律，总结提出具有实践指导性强的多种典型建设模式。北京工业大学 2018 年承担并完成了工业和信息化部科技司委托项目“工业产业集群区域品牌建设理论和典型模式方法研究”。该项目旨在总结提出工业产业集群区域品牌建设机理，为区域品牌建设提供理论指导；总结行业协会主导型和地方政府主导型区域品牌建设模式的典型经验和一般性建设规律，为区域品牌建设提供实践指导。本书是这两个项目的主要研究成果，并受国家自然科学基金面上项目（71672004）的资助，在此一并表示感谢。

作者在项目研究过程中，得到了区域品牌建设试点示范单位的大力支持，得到了中国航空综合技术研究所（301 所）的无私帮助，在此表示诚挚的感谢。

全书的研究思路是，先文献综述，然后理论研究提出相关模型，最后实证研究验证模型。全书共 9 章，第 2 章至第 4 章为理论研究部分，第 5 章至第 9 章为实证研究部分。对于区域品牌建设实践工作者，可以重点阅读第 1 章第 1.2 节和第 2 章第 2.1 节以及第 6 章至第 9 章。

由于产业集群区域品牌建设非常复杂，加之著者水平有限，书中疏漏之处在所难免，也一定存在诸多不足，恳请读者批评指正，特别期待区域品牌建设实践工作者的宝贵意见。

作者

2019 年 3 月 6 日

摘　要

产业集群已经成为世界性的经济现象。区域品牌对产业集群本身、对区域经济的高质量发展具有重要作用。企业有必要积极主动地建设区域品牌，学者们有必要研究区域品牌建设机理和区域品牌建设模式。但是，现有文献欠缺对融合影响因素及区域品牌形成机理的研究，目前也很少发现专门研究区域品牌建设模式构成及如何构建的文献。因此，本书对这些主题进行了深入研究，得到了如下创新成果：

(1) 提出了区域品牌建设机理价值网模型

在构建区域品牌建设机理模型提出思路和整合分析框架以及4个前提假设的基础上，运用社会嵌入理论、结构功能理论、社会角色理论、基于顾客的品牌资产理论、产业集群发展阶段理论，提出了一个融合区域品牌形成路径和影响因素的区域品牌建设机理价值网模型。该模型是一个具有反馈的网状式因果模型，包括“主体社会结构—活动—品牌发展”3大类要素、这些要素之间构成的拉动和推动2条区域品牌形成路径、这些路径构成的相互促进相互约束的2个闭环，以及各路径上的影响因素。

(2) 提出了区域品牌建设模式构成模型

基于区域品牌建设机理价值网模型，在分析区域品牌建设模式的基本构成要素及子要素之间面临的关系问题后，通过寻求这些关系问题的解决方法，提出了区域品牌建设模式构成模型。该模型包括战略和战术相结合的区域品牌建设理念、区域品牌建设决策者主导方式、区域品牌赢得活动和资格活动等3类要素，以及3类要素之间的相互约束、相互协调关系

(3) 提出了包括区域品牌建设模式构建框架模型和构建过程模型在内的区域品牌建设模式构建模型

基于区域品牌建设机理价值网模型和区域品牌建设模式构成模型，在提出区域品牌识别和形象差距模型后，提出了区域品牌建设模式构建框架模型和区域品牌建设模式构建过程模型。前者是一个基于区域品牌发展阶段和时期、区域品牌赢得活动和决策者主导方式等3个维度，构建区域品牌建设模式的方法工具。后者描述了区域品牌建设模式的主要构建步骤、每个步骤的主要内容、可以使用的方法和工具。该过程模型具有理论依据和集成性特点，集成了本书提出的战略和战术相结合的区域品牌建设理念、产业集群发展阶段与区域品牌发展阶段对应关系模型、区域品牌识别和形象差距模型、区域品牌建设模式构建框架模型。

(4) 通过案例研究并归纳了各具特色的7种典型区域品牌建设模式，基本验证了区域品牌建设模式构成模型

案例介绍并研究了深圳内衣、四平换热器、清溪光电通讯、随州专用汽车、澄海玩具、深圳钟表和古镇灯饰等区域品牌，归纳得出了各具特色的7种典型区域品牌建设模式。这些模式从区域品牌赢得活动和资格活动、决策者主导方式两个维度验证了基于理论分析提出的区域品牌建设模式构成模型。这些模式包括品牌核心价值或问题导向和目标导向，而非理论模型中的战略和战术相结合的区域品牌建设理念。

(5) 以深圳钟表和古镇灯饰为例，实证得出了区域品牌建设模式的共性演化规律，从侧面验证了区域品牌建设模式构建模型

通过案例研究了深圳钟表和古镇灯饰区域品牌，总结归纳出了区域品牌建设模式的共性演化规律：都是从数量规模型演化为高品质型，再演化到创新型；分别发生于产业集群发展的数量扩张阶段、质量提升阶段和微笑曲线两端创新阶段；在演化过程中，区域品牌建设主导方式和区域品牌核心价值维持不变，但品牌赢得活动和资格活动都会显著改变；在演化过程中，区域品牌建设主体社会结构越来越趋向市场化主体的增加，其中，深圳钟表早期就以民营化和市场化为主，并持续坚持，而古镇灯饰越来越趋向市场化主体的增加，但两者总体都是趋向以民营化和市场化为主。

（6）以深圳钟表和古镇灯饰为例，实证总结并归纳出了区域品牌建设机理模型和一般性建设规律，基本验证了区域品牌建设机理价值网模型

通过案例研究了深圳钟表和古镇灯饰区域品牌，总结并归纳出了区域品牌建设机理模型和4条一般性规律。机理模型包括区域品牌建设主体社会结构、建设活动、品牌发展等3类要素、3类要素之间的2条区域品牌形成路径及2条路径间形成的相互促进相互协调的2个区域品牌形成闭环，以及各路径上的影响因素。共性影响因素有产业和品牌发展要求、资源、能力和信任等。对于深圳钟表和古镇灯饰两个不同的区域品牌、或同一区域品牌的不同发展阶段，区域品牌建设主体社会结构和建设活动可能不同。实证得到的区域品牌建设机理模型在影响因素方面多于理论上提出的区域品牌建设机理价值网模型；由于没有从集群客体收集数据，理论模型中的命题1没有验证。除命题1和影响因素有不同之外，区域品牌建设机理价值网模型得到了深圳钟表和古镇灯饰两个区域品牌的验证。

4条一般性规律是：需要在各类区域品牌建设主体间构建符合地域和产业特点的包含不同角色和地位的分工体系；通过在

不同角色间嵌入合适的地域和产业文化、机制和关系，实现分工下的不同角色间的协调；通过市场化方式获取并集聚资源，构建区域品牌建设公共服务平台，形成能力，开展市场化品牌建设活动；依据区域品牌发展不同阶段的不同要求，分工、协调、资源、能力、平台和活动需要加以调整或强化。

关键词： 区域品牌　品牌建设模式　品牌建设机理　产业集群

Abstract

Industrial cluster has become a worldwide economic phenomenon; regional brand plays an important role for quality development of industrial cluster itself and regional economy. It is necessary to actively build regional brand, and then it is imperative to study mechanism and model of regional brand building. However, the extant literature is lack of research on mechanism integrating determinants and formation process, and lack of research on constitution and formation of regional brand building model. Therefore, this thesis makes a thorough study of these topics and achieves the following innovative results.

(1) A value net model of regional brand building mechanism was proposed.

After putting forwad to constructing ideas, integrated analysis framework, as well as four premise assumptions, a value network model of regional brand building mechanism was proposed by using social embedding theory, structural functionalism, social role theory, customer - based brand equity theory and industrial cluster development stage theory. The model, integrating path of regional brand formation process and influencing factors, is a network causal model with feedback, which includes three main categories of elements " social structure - activity - brand development" , push and pull brand formation paths between these elements, 2 closed loops between these paths with mutual promotion and mutual restraint, and the influencing factors of each path.

(2) A constituent model of regional brand building mode was proposed.

Based on the value net model, a model of regional brand building mode was proposed by analyzing basic elements of regional brand building model and by seeking solutions to questions on relationship between sub – elements. The model includes three kinds of elements: regional brand building idea combined with strategy and tactics, leading mode of regional brand building decision – makers, regional brand winning activities and qualification activities, and mutual restraint and coordination among the three kinds of factors.

(3) A construction model of regional brand building mode, consisting of a framework model and a process model, was proposed.

Based on the value net model of and the constituent model, a framework model and a process model of regional brand building mode were proposed after putting forward a model of regional brand identification and image gap. The former is a method to construct regional brand building model based on three dimensions: stage and period of regional brand development, regional brand winning activities, and decision – makers' leading mode. The latter describes main construction steps of regional brand building model, main content of each step, methods and tools used. The process model has theoretical basis and integration characteristics. It integrates regional brand building idea combined with strategy and tactics, a corresponding relationship model between industrial cluster and regional brand development stage, the model of regional brand identification and image gap, and the framework model of regional brand building mode.

(4) Seven typical regional brand building modes with different characteristics were obtained by case studies, which may roughly validate the constituent model of regional brand building mode.

Case studies were made on 7 regional brands of Shenzhen underwear, Siping heat exchanger, Qingxi photoelectric communication, Suizhou special automobile, Chenghai toys, Shenzhen watches, and Guzhen lighting, and thus seven typical regional brand building modes with different characteristics are obtained. These models validate the constituent model of regional brand building mode based on theoretical analysis from the two dimensions of regional brand winning activities and qualifications activities and decision – makers' leading mode. These models include brand core value or problem –

oriented and goal - oriented, rather than the regional brand building idea combined with strategy and tactics in the theoretical model.

(5) General characteristics of regional brand building mode evolution were obtained by case studies on Shenzhen watches and Guzhen lighting, and thus the construction model of regional brand building mode is verified from one side.

Two case studies of Shenzhen Watch and Guzhen Lighting regional brand were done. The results show general characteristics of regional brand building mode evolution, which is from quantity scale type to high quality type, then to innovation type. Three types occur corresponding in quantity expansion, quality improvement and innovation stages of industrial cluster development. In the process of evolution, decision - makers' leading mode and core values of regional brands remain unchanged, but brand winning activities and qualifications activities change significantly. In the process of evolution, social structure of regional brand builders tends to be more and more market - oriented. In the early stage, Shenzhen clocks are mainly privatized and market - oriented, and continue to adhere to, while Guzhen lighting tends to be more and more market - oriented. For both of them, it tends to be privatized and market - oriented.

(6) A mechanism model and general characteristics of regional brand building were obtained by case studies on Shenzhen watches and Guzhen lighting, and thus the value net model of regional brand building mechanism is roughly verified.

Case studies were conducted on regional brands of Shenzhen clocks and Guzhen lighting and then mechanism models of regional brand building and four general characteristics were obtained. All mechanism models include three elements " social structure of regional brand builders, building activities, brand development" , two regional brand formation paths among these elements and two regional brand formation loops between the two paths with mutual promotion and coordination, as well as the influencing factors on each path. Common influencing factors include industry and brand development requirements, resources, capabilities, trust and so on. For two different regional brands of Shenzhen clocks and Guzhen lighting, or different development stages of the same regional brand, the social structure and building activities may be different. The empirical model of regional brand building mechanism has more influencing factors than the theoretical model of regional brand building mechanism value network. Besides the factors, the model of regional brand building mechanism value network has been verified.

Four general characteristics are as follows: it is necessary to construct a regional brand builder system with different roles and positions in accordance with regional and industrial characteristics; to achieve coordination among different roles by embedding appropriate regional and industrial culture, rules, and relationships among different roles; to acquire and gather resources through market - oriented way and to construct regional brand building public service platform, forming capacity, carrying out market - oriented brand building activities; according to different requirements of different stages of regional brand development, builder system, coordination, resources, capacity, platform and activities need to be adjusted or strengthened.

Key words: regional brand brand building model brand building mechanism industrial cluster

目 录

第 1 章

绪　论

1.1 选题背景和意义

1.1.1　选题背景和研究的必要性

产业集群已经成为世界性的经济现象[1,2]。波特认为，产业集群是指在特定领域中同时具有竞争与合作关系，且在地理上集中、有相互关联性的企业、专业化供应商、服务供应商、相关产业的厂商，以及相关机构（如大学、制定标准化的机构、产业公会等）[2]。

随着对品牌认识的深化，品牌已经扩展到各种领域[3,4]。任何营销的东西都可以品牌化[5]、需要品牌化；存在竞争的领域都需要品牌化[6]。不仅产品或服务可以品牌化、需要品牌化，而且产业集群、个人和地域都可以品牌化、需要品牌化。相应的品牌被称之为产业集群区域品牌（以下简称为区域品牌或集群品牌）、个人品牌和地域品牌。

区域品牌是中国学者提出的原创性概念术语[7,8]。本书从品牌的社会属性出发，将区域品牌定义为，显示区域内产业集群整体个性和利益相关方关系，为实现差异化竞争而获取品牌附加值的综合性无形资源。区域品牌是“产业集群整体的品牌”，而不是“整个集群的产品品牌”[3]。区域品牌建设是整个生产、经营、销售、设计和研发及相关支持产业等所有要素形成的整个集群的品牌化建设[3]。基于对区域品牌和区域品牌建设的上述定义和特点，本书研究的区域品牌建设是积极主动的品牌化建设，而不是消极或自然的品牌化过程。

较多文献研究了区域品牌的作用和功能，普遍认为区域品牌对产业集群本身、对区域经济的发展具有重要作用[8-15]。大量文献从不同角度研究了区域品牌建设的不同类别影响因素[16-39]；少量研究提出了描述区域品牌形成过程中不同抽象阶段之间关系的机理模型[40-42]，但是没有在模型中考虑影响因素。总之，现有文献欠缺综合考虑区域品牌建设的过程性、阶段性和动态性特点，没有提出融合影响因素及区域品牌形成过程的机理模型，有待进一步研究。

未曾发现专门研究区域品牌建设模式构成的文献，但有文献从政府和市场等行为主体在区域品牌建设过程中的作用[43-45]、区域品牌和企业品牌之间的关系[46-49]、能力要求[50]、直接成因[51]和品牌营销[52]等不同角度，提出了区域品牌建设模式的分类方法和相应的类别。区域品牌建设模式属于区域品牌管理模式的范畴。一般而言，管理模式是在管理理念指导下，由管理方法、管理模型、管理制度、管理工具、管理程序等要素组成的管理行为体系结构。因此，区域品牌建设模式不仅包括行为主体、能力要求、直接成因和品牌营销等内容，更要强调要素的全面性，以及要素之间关系的协调性，强调体系性。然而，上述有关区域品牌建设模式的研究着重强调了某一方面，尚需进一步研究。此外，仅仅发现了文献中有关区域品牌建设模式转换的研究[47]，未曾发现如何构建区域品牌建设模式的研究，有待进一步探讨。

文献存在两类典型的产品品牌建设机理研究方法[5, 54]。一是基于消费者消费过程的方法；二是基于工业（再）生产过程的方法[5, 54]。本书基于区域品牌是“产业集群整体的品牌”，并且认为区域品牌建设是整个生产、经营、销售、设计和研发及相关支持产业等所有要素形成的整个集群的品牌化，是积极主动的品牌建设，因此有必要借鉴并融合上述两种品牌建设机理研究方法。和地域品牌建设类似，区域品牌建设也具有公共性和活动性特点，因此可以借鉴地域品牌建设常用的参与式品牌建设理念研究区域品牌建设机理。

由上可知，产业集群已经成为世界性的经济现象；区域品牌对产业集群本身、对区域经济的发展具有重要作用，有必要积极主动地建设区域品牌，有必要研究区域品牌建设机理和区域品牌建设模式。但是，现有文献欠缺研究融合影响因素及区域品牌形成过程的机理，未曾发现专门研究区域品牌建设模式构成及如何构建的文献。因此，有必要对这些主题进行深入研究，提出融合影响因素及区域品牌形成过程的区域品牌建设机理模型、区域品牌建设模式构成模型及构建模型。

1.1.2 研究意义

随着社会的发展，竞争的领域越来越广。随着对品牌认识的深化，学者们普遍认为，品牌是赢得竞争最重要的战略手段。因此，品牌已经扩展到各种领域。除了常见的产品品牌和企业品牌之外，区域品牌、地域品牌、个人品牌越来越受到重视。由于品牌对象的不同，各类品牌的建设主体、客体和载体也不同，从而导致各类品牌具有不同的建设机理。但是，有关品牌建设机理的研究，目前主要针对产品品牌。因此，本书研究区域品牌建设机理，提出机理模型，可以丰富品牌理论，具有一定的理论意义。

区域品牌属于准公共品，可能的建设主体有地方政府、行业组织、企业等，具有多样性、非唯一性特点，因而区域品牌建设面临主体分工和协调的问题。区域品牌建设旨在通过差异化竞争获取品牌附加值。如果建设工作没有特色，将难以实现差异化竞争，也难以获取品牌附加值。此外，区域品牌建设是整个生产、经营、销售、设计和研发及相关支持产业等所有要素形成的整个集群的品牌化，具有众多品牌建设活动可选。因此，区域品牌建设面临重点做什么的问题。总之，区域品牌建设面临重点做什么和由谁做的问题，即核心工作和培育主体分工的问题。因此，本书将研究区域品牌建设模式的构成和构建，提出构成和构建模型，可以为区域品牌建设实践提供指导，具有现实意义。

1.2 区域品牌概念和作用研究概述

1.2.1 区域品牌概念辨析

区域品牌是中国学者提出的原创性概念术语[7]。到目前为止，区域品牌还没有权威定义。本部分将对具有代表性的区域品牌概念和分类进行辨析，并基于品牌属性，提出本书对区域品牌的定义。

依据区域品牌的存在形式和特征，可从法律认可、行业认可和市场认可等三个角度将区域品牌划分为法律认可型、行业协会认可型和市场认可型等三种基本类型[44]。法律认可型的主要特点是：由行业协会或者关联企业的联合组织申请注册了集体商标或者原产地商标，以法律认可形式存在；运作较为规范和稳定。行业协会认可型的特点是：国家层面政府部门或行业组织（协会、商会等权威组织）认可颁发的区域品牌；无商标；由行业协会或者委托相关组织（开发区、商会）管理，品牌培育与运作依托政府和行业组织。市场认可型的特点是：产业集群优势得到市场高度认可，形成区域知名效应；无商标，无行业协会授权，仅在市场上有一定口碑影响；无品牌运作实体，以市场自发认同形式存在，也可能演变为另外两种形式。

很显然，法律认可型和行业协会认可型强调区域品牌的外在和表现形式，而市场认可型强调品牌的内在和核心。法律认可型和行业协会认可型也可以得到市场的认可，并且法律认可型和行业协会认可型的目的也是使区域品牌得到市场的认可，发挥品牌效应。反之，得到市场认可的区域品牌也可以获得法律认可，并且更能获得行业协会认可。因此，将法律认可型、行业协会认可型和市场认可型在同一层面进行分类欠妥。本书研究的区域品牌，其核心是需要得到市场认可的，表现形式上可以是法律认可的，也可以是行业协会认可的，也可以是两者都没有得到认可的。

赵占恒[52]认为区域品牌不仅仅是一个注册商标，而是通过良好的区域形象营销而体现的区域产品、企业或产业的形象和影响力。李大垒和仲伟周[47]将区域品牌定义为特定产业集群在国内外市场上具有的较高知名度、美誉度和忠诚度，是集群内众多企业发展形成的正面因素的结晶，是集群内众多企业品牌集体行为的综合体现。

何晓媛和宋永高[3]在分析了区域品牌术语提出的背景、概念及其演变过程后，提炼出了“产业集群整体的品牌”和“整个集群的产品品牌”两种典型的区域品牌理解，并且认为区域品牌的正确理解应该是集群整体的品牌。集群整体的品牌体现在，区域品牌是区分集群的标志，是集群整体的声誉和影响力，是集群内企业集体行为的综合体现；其目标对象不仅仅是外部的集群产品购买者，还包括投资者、供应商、各类人才等众多目标受众。整个集群的产品品牌理解将整个集群看成一个公司，整个产业集群使用同一个公司，整个集群的产品使用同一个品牌，类似于企业的统一品牌策略。与何晓媛和宋永高[3]的观点类似，本书采用产业集群整体的品牌理解。

品牌是经过设计和注册具有识别和证明作用，显示个性和关系，实现差异化竞争获取品牌附加值的综合性无形资源[54, 55]。品牌具有设计、注册、识别、主体个性、客体信心、差异化竞争和品牌附加值等构成要素。就设计而言，品牌是以名称为核心，包含商标、图形、色彩等一系列因子构成的完整组合。注册是将品牌的主体归属法定化。设计、注册和识别是品牌的自然属性，是品牌的外在。品牌主体个性、客体信心、差异化竞争和品牌附加值是品牌的社会属性，是品牌的内在和核心[56]。差异化竞争和品牌附加值是品牌培育的目的；品牌主体个性、客体信心是实现该目的的手段；综合性资源是品牌的本质[57]。

社会属性是品牌的核心。从该角度看，品牌是显示个性和关系、实现差异化竞争获取品牌附加值的综合性无形资源。依据从社会属性对品牌的定义，并基于产业集群整体的品牌理解，本书将区域品牌定义为，显示区域内产业集群整体个性和利益相关方关系，实现差异化竞争获取品牌附加值的综合性无形资源。区域品牌是产业集群整体的品牌，需要得到市场认可，可以是法律认可和行业协会认可的，也可以不是。区域品牌的本质是体现区域内产业集群整体个性和利益相关方关系的综合性无形资源。产业集群通过利益相关方之间的关系，整合相关要素资源，形成区域品牌这一综合性资源。最核心的利益相关方关系是区域品牌所有权人、代理人、与投资方、消费者之间的关系。区域品牌的目的是通过差异化竞争获取竞争力，赢得品牌附加值。

1.2.2 区域品牌作用研究综述

大量文献从宏观和微观两个层面研究了区域品牌的作用。

在宏观层面，大量文献研究了区域品牌对区域经济的作用。例如，黄兆银[9]认为，通过对产业聚集区树立区域品牌，可以对城市经济发展具有战略意义。涂山峰等[10]在 Solow 增长模型的基础上纳入了品牌项，将区域品牌视为区域经济发展的无形资产，通过建立严密的数学模型后证实，区域品牌的发展和提升有利于区域经济的快速增长。

在微观层面，大量文献研究了区域品牌的外部效应和品牌效应。例如，吴喜雁[11]将区域品牌引入产业集群模型，研究了产业集群动态演变过程。结果表明，区域品牌可以对产业集群产生外部性，并且这种外部性对产业集群的发展具有决定性作用。梁文玲[12]认为，区域品牌具有辨识促销效应、外部正效应、品牌伞效应；可以降低交易成本、吸引优质资源、为中小企业提供统一品牌服务。胡大立、谌飞龙和吴群[13]以及吴传清、李群峰和朱兰春[14]认为，区域品牌具有要素聚集功能，可以促进招商引资、吸引专业技术人才、提升区域整体形象；具有产品促销功能，可以促进区域企业产品销售、推动专业市场形成。通过要素聚集功能，可以增强企业核心能力、降低企业交易成本、提升企业乃至集群整体的创新能力，进而可以提升区域竞争力。类似地，骆建艳和丁颖[15]认为，区域品牌对产业集群发展的品牌效应体现在四个方面：市场聚焦效应、产业资本集中效应、产品销售过程的价值信息传递效应、关联产业带动效应。

总之，有关区域品牌作用的研究成果已经比较丰富，并且学者们普遍认为，区域品牌对产业集群本身、对区域经济的发展都具有重要的积极作用。

1.3 区域品牌建设机理研究概述

本节从区域品牌建设内容和特点、影响因素、机理模型等 3 方面进行概述。

1.3.1 区域品牌建设内容和特点研究综述

何晓媛和宋永高[3]基于区域品牌是集群整体的品牌理解，认为区域品牌建设是把产业集群作为整体进行品牌化建设，品牌化的对象不仅包括集群的产品，而且包括整个生产、经营、销售、设计和研发及相关支持产业等所有要素形成的整个集群。从全球价值链视角出发，邬爱其[58]认为，区域品牌的提升同样可以被视为一个集群由 OEM 向 ODM、OBM 进行升级的过程。在征集国内区域品牌建设专家意见的基础上，作为国家工业和信息化部科技司全国区域品牌试点示范建设支持单位的中国航空综合技术研究所总结得到了区域品牌建设的七大类建设内容，并在《工业和信息化部关于开展区域品牌培育试点示范工作的通知》中予以公布。七类建设内容是：实施区域品牌发展战略，健全区域品牌管理机制，夯实区域品牌发展基础，引导企业培育自主品牌，健全区域品牌保护机制，打造区域品牌营销和宣传平台，健全区域品牌评价制度。上述研究都强调了区域品牌建设对象和内容的全局性和多样性。

Pasquinelli[59]从制度与传播视角界定了区域品牌建设步骤，即机会产生、利益动员、达成协议和制度设计。基于“狮岭皮具”区域品牌的个案研究，张胜涛、杨建梅和邓恢华[60]主张通过制度安排保障区域品牌的创建，并且认为制度应该包括 4 套核心机制：质量监督机制、集群公关机制、集群信用机制、集群协作创新机制。这些研究强调了区域品牌建设的制度安排和传播。

上述研究无论从整体还是从制度安排和传播，都是从区域品牌建设内容、品牌化对象角度进行研究的，没有研究区域品牌建设主体，也没有考虑区域品牌建设内容针对产业集群发展阶段的差异性。

区域品牌建设的可能主体有地方政府、行业组织、企业等，具有多样性，非唯一性特点，并且区域品牌具有准公共品特点，因而区域品牌建设面临主体分工和协调的问题。此外，由第 1 章第 1.2 节的分析可知，区域品牌建设旨在通过差异化竞争获取竞争力，赢得品牌附加值。如果培育工作没有特色，将难以实现差异化竞争，也难以赢得品牌附加值。因此，区域品牌建设面临重点做什么的问题。总之，区域品牌建设面临重点做什么和由谁做的问题，即核心工作和培育主体分工的问题。但是，已有研究欠缺对这些问题的综合研究。

1.3.2 区域品牌建设影响因素研究综述

对区域品牌建设影响因素的研究可以分为强调单一因素和强调多因素的两类研究。

1.3.2.1 强调单一因素的研究综述

大量文献从政府作用、产品品牌和企业品牌、领头企业等方面进行了强调单一因素的研究。

在政府作用方面，孙丽辉[16]基于温州鞋业区域品牌个案，研究了政府构建性和市场生成性对区域品牌形成的作用。结果表明，在区域品牌的形成过程中，政府构建性明显大于市场生成性；地方政府作用是区域品牌形成不可或缺的中介变量。地方政府作用具体体现在，创建区域品牌的主观偏好、通过政策导向很大程度地主导区域品牌演进方向、速度及可持续发展水平。结果还表明，区域品牌建设在不同阶段对公共政策的需求具有不同的特点，地方政府需要基于不同时空条件针对区域品牌建设对公共政策的需求及时进行管理创新。类似地，Lodge[17]认为区域品牌建设的关键是政府领导；成功与失败的区域品牌建设之间的区别在于政府领导性。蒋廉雄、朱辉煌和卢泰宏[18]研究发现，政府主导性是区域品牌建设不可或缺的中介变量。Anderson[19]认为，区域品牌建设需要众多利益相关群体传达一致信息，支持区域目标，履行区域承诺，而这些都就需要政府通过协调和管理来实现。

在产品品牌和企业品牌方面，孙丽辉等[20]较为系统地论述了区域名牌与名牌簇群效应、与产业集群之间的互动效应机理。陆瑶和徐利新[21]将区域品牌视为复杂适应性生态系统，阐述了区域品牌与嵌入品牌生态系统的复杂适应系统特征与机制，揭示了区域品牌与嵌入品牌协同进化机理。

在领头企业方面，李大垒[22]通过对浙江诸暨大唐袜业的实证调查表明，产业集群是否存在领头企业、领头企业是否充分发挥带动作用，是影响区域品牌创建的关键因素。针对服装产业，卢慧等[23]利用结构方程模型论证了，集群企业产品、企业形象、企业品牌、企业网络和企业创新等方面的企业特点对区域品牌建设都具有显著作用。

1.3.2.2 强调多因素的研究综述

大量文献从各类环境因素、分工和协作、资源和能力、优势、实施策略等方面进行了强调多因素的研究。

在环境因素方面，王启万等[24]基于品牌生态系统框架，首先通过文献研究，构建了集群品牌关键影响因素概念模型；然后通过实证研究表明，宏观系统、产业环境、品牌载体、品牌企业等4类因素正向影响品牌市场因素；宏观系统因素还通过品牌载体因素的中介作用正向影响品牌市场因素；资源环境因素通过品牌企业因素的中介作用正向影响品牌市场因素。徐明和盛亚军[25]通过归纳温州三大典型区域品牌在形成和发展过程中的共性特征后认为，区域品牌形成过程中起重要影响作用的区域影响因素有资源环境因素、文化环境因素、投融资环境因素、制度环境因素、社会关系环境因素。杨建梅、黄喜中和张胜涛[26]认为，市场份额、区域文化和区域营销是促使区域品牌生成的三大因素。其中的市场份额和区域文化是支撑区域品牌的双轮；区域营销则是外在的推力或拉力。

在分工和协作方面，夏曾玉和谢健[27]运用区域经济学和产业经济学理论，对温州制鞋产业区域品牌的实例分析后认为，合理的社会化分工使得专业化中小企业易于形成核心竞争力；密切的专业化协作使得中小企业集聚形成完整的产业链；两者共同作用形成产业竞争优势，进而促进区域品牌的形成。但是此处的分工协作是指产业链上的企业之间的分工协作，没有研究区域品牌建设主体的分工协作的影响。尤振来和倪颖[28]也同样强调了分工和协作的重要性。在品牌建设主体方面，夏曾玉和谢健[27]从地方政府指导和扶持、行业协会自我约束和凝聚，以及集群效应优势等角度分析了集群品牌形成的初始动力。分析结果表明，离开了这3大因素，集群品牌的壮大和发展将难以为继。熊爱华和汪波[29]认为，政府是区域品牌形成的最主要推动者；行业协会是区域品牌形成的经营和管理者；集群内企业是区域品牌形成最主要的活动主体和受益者。

在资源和能力方面，赵卫宏等[30]基于资源与制度视角，采用质化研究与实证检验方法，对区域品牌建设的驱动要素与机理进行了探索性研究。结果显示，一个城市、地区或国家的品牌建设可由政治规制资源趋同、集群规范资源趋同和文化认知资源趋同等三维动力及12个构成要素驱动。Pedersen[31]把领导专业性、战略规划性、资源调动性作为区域品牌建设的重要因素，他认为，政府管理者的专业领导可以针对不确定的未来制定有效战略，调动必要资源和能力促进区域品牌建设。熊曦、柳思维和蒋凌峰[32]认为，产品品牌的基础能力和成长能力以及企业品牌竞争力和溢价能力对区域品牌形成具有显著促进作用。

在优势方面，熊爱华[33]指出区域品牌建设的动力源于区域内集群产品优势和产业强势效应。孙丽辉[34]基于对200家企业的调查发现，产业优势、环境优势和名牌聚集性对区域品牌具有积极影响。胡大立、谌飞龙和吴群[13]认为，包括产品优势和企业品牌及产品品牌在内的产业优势和包括软硬环境在内的区域环境优势是区域品牌形成的条件。类似地，马骁和肖阳[35]认为，产品优势、成本领先优势、由销售网络和产业创新能力构成的市场优势、由企业优势和上下游产业发展配套支持下的产业优势是区域品牌的生成条件。任春红和丛玉飞[36]以温州典型产业集群为例，对影响区域品牌形成的集群产业优势进行了实证研究。实证结果证实，集群产业优势中的成本优势、产品优势、创新优势和营销优势等四个维度对区域品牌形成均具有显著积极作用。

在实施策略方面，何彬斌和刘芹[37]认为，区域品牌发展受内外部因素的影响；并且实证结果表明，内部因素中的竞争性品牌策略与区域品牌发展负相关，而扩散性品牌策略则正相关；政府支持和产学研协作等外部因素与区域品牌发展正相关。

此外，也有文献综合上述多方面因素进行了研究。例如，张叶与鞠芳辉[38]认为，产业集群、区域环境以及品牌簇群是区域品牌形成的关键因素，并且影响是积极的；此外，这些因素在政府与行业协会制定相应政策的推动下才能发挥作用；在它们的共同作用下，区域产业品牌得以在更为有利的环境中形成并发展。孙丽辉[39]通过温州个案分析认为，区域品牌的形成主要受集群所具有的产业优势、良好的区域环境、龙头企业创牌和优势品牌群体的聚合效应、地方政府政策导向与效能等四个维度的综合作用与影响。

总之，由上述有关区域品牌建设影响因素的文献综述可知，区域品牌建设受多种类别因素的影响，并且已经得到广泛研究。

1.3.3 区域品牌建设机理模型研究综述

少量文献明确提出了区域品牌建设机理模型。

郑海涛和周海涛[40]提出了一个抽象的区域品牌形成机制理论模型。该模型认为，品牌载体形成区域品牌的物质和精神基础；品牌形象奠定区域品牌的价值基础；品牌展示、品牌传播促进区域品牌形象、声誉的提升和扩散。类似地，赵广华等[41]通过构建 PIEE 模型解释区域品牌的形成和发展机理。其中的 PIEE 是品牌识别定位、品牌传播方式整合、品牌体验以及品牌扩展等四个要素。这些要素是保证区域品牌提升的关键所在。这两个模型主要阐述了区域品牌建设过程中不同抽象阶段之间的关系，没有考虑区域品牌建设的影响因素和及影响因素与不同阶段间的结合方式。

刘青[42]构建了一个区域品牌形成机理框架模型。在模型中，区域品牌为因变量，产业集群因素和区域环境因素是自变量，品牌簇群效应是中介变量，政府与行业协会的作用是调节变量。该模型考虑了区域品牌建设的影响因素和因素间的结合方式。但是，该模型是一个静态模型，没有考虑区域品牌形成过程的动态性。然而，由于区域品牌建设具有过程性、阶段性和动态性特点，机理模型有必要同时考虑区域品牌形成过程和影响因素，考虑过程与因素的结合。

由上述有关影响因素和机理模型的研究回顾可以看出，大量文献从不同角度研究了区域品牌建设的不同类别影响因素，少量研究提出了描述区域品牌形成过程中不同阶段之间关系的机理模型，但是这些模型没有考虑影响因素。总之，文献欠缺综合考虑区域品牌建设的过程性、阶段性和动态性特点，没有提出融合影响因素及区域品牌形成过程的机理模型。

1.4 区域品牌建设模式研究概述

1.4.1 区域品牌建设模式的构成和类别

作者未曾发现专门研究区域品牌建设模式构成的文献，但有文献从政府和市场等行为主体在区域品牌建设过程中所起作用、区域品牌和企业品牌之间的关系、能力要求、直接成因和品牌营销等不同角度提出了区域品牌建设模式的分类方法和相应的类别。

基于政府和市场所起作用的不同，孙丽辉[43]认为，存在政府构建型和市场生成型两类区域品牌建设模式。肖阳和谢远勇[44]认为，区域品牌的形成过程是市场与政府共同作用的结果。根据两者各种不同的组合可以将区域品牌建设模式分为三类：以中小企业为主体的市场自主发育模式、政府强势引导下的项目拉动培育模式、基于集群优势的产业链整合。沈鹏熠和郭克锋[45]根据行为主体在区域品牌建设过程中所起的作用，将区域品牌建设模式分为三类：政府主导模式、企业主导模式和行业协会主导模式。

从区域品牌和企业品牌之间的关系出发，胡大立、谌飞龙和吴群[46]将区域品牌建设分为由众多同类产品生产企业所组成的“覆盖”型品牌建设模式，和以集群内知名企业（名牌企业）为支撑的“依托”型品牌建设模式。类似地，李大垒和仲伟周[47]也将区域品牌建设模式分成这两类。和“覆盖”型和“依托”型分类类似，廖建起[48]基于区域品牌的形成需要区域产业集群具有相当的集聚规模和明显的产业优势，将区域品牌的创建模式归纳为三种：由若干强势企业或名牌企业支撑而形成的支撑性区域品牌创建模式、由大量杂牌企业或非名牌企业聚合而成的区域品牌创建模式、基于产业的传统工艺和历史底蕴而形成的产地型区域品牌创建模式。马向阳、刘肖和焦杰[49]提出以优质企业品牌构建企业联合品牌以推进区域品牌建设的模式。这些研究提出的模式，无论是“覆盖”型还是“依托”型，都是由企业品牌到区域品牌的被动式发展模式，没有考虑将产业集群作为整体的积极主动的因素。

池仁勇等[50]基于名牌集聚能力、产业发展能力、技术研发能力、公共支出能力建立了集群品牌综合竞争力评价指标体系；在对浙江省 13 个区域品牌的品牌综合竞争力进行了全面、系统的评价研究后，归纳出名牌集聚驱动模式、产业发展驱动模式、技术研发驱动模式、公共支持驱动模式等四类区域品牌发展驱动模式。每种区域品牌驱动模式对应四大类能力中的一种，每种模式强调其中的某一种能力。

熊爱华[51]从区域品牌建设的直接成因和我国区域品牌培育实践中，总结出五种区域品牌建设模式，它们分别是：以温州制鞋业为代表的地方人文资源驱动型模式、以“绍兴中国轻纺城”为代表的市场集散扩张型模式、以嘉善木业为代表的外资资本带动型模式、以青岛电器产业为代表的名牌企业配套型模式、以“武汉光谷”为代表的技术创新推动型模式。

赵占恒[52]认为营销是区域品牌建立的主要途径，并从区域品牌营销角度将区域品牌建设模式分为四类：名牌带动型模式、中小企业集群发展型模式、政府经营管理型模式和区域形象提升型模式。

区域品牌建设模式属于区域品牌管理模式的范畴。一般而言，管理模式是在管理理念指导下，由管理方法、管理模型、管理制度、管理工具、管理程序等要素组成的管理行为体系结构。因此，区域品牌建设模式不仅要包括行为主体、能力要求、直接成因和品牌营销等内容，更要强调要素的全面性，以及要素之间关系的协调性，强调体系性。然而，上述有关区域品牌建设模式的研究着重强调某一方面，尚需进一步研究。

1.4.2　区域品牌建设模式的构建

作者未曾发现如何构建区域品牌建设模式的文献。但发现了模式转换的实证研究。李大垒和仲伟周[47]对“大唐袜业”区域品牌的实证研究表明，随着市场竞争的加剧以及消费者品牌意识的不断增强，缺乏企业知名品牌的“覆盖”型区域品牌发展模式已经制约了当地产业集群的进一步成长，需要加以转变。在此基础上，构建了一个区域品牌发展模式转换模型，认为在一定的条件下，“覆盖”型区域品牌建设模式向“依托”型品牌建设模式的转变是可以实现的。

1.5　产品品牌和地域品牌建设机理研究方法概述

相对区域品牌，有关产品品牌和地域品牌的建设机理要成熟，所以有必要概述这两类品牌建设机理的研究方法，从而可以为区域品牌建设机理的研究提供借鉴。

1.5.1　产品品牌建设机理研究方法概述

通过对已有文献的梳理可归纳出两类产品品牌建设机理研究方法[5, 54]。一是基于消费者消费过程的方法，该方法强调品牌资产源于消费者心理构建[5,61,62]。二是基于工业（再）生产过程的方法，该方法强调品牌建设的资源观，强调资源优势是品牌建设的基础[6]。就品牌机理涵盖的范围而言，第一种方法考虑市场营销活动对品牌资产的作用[53]，没有考虑工业（再）生产过程的作用。第二种方法正好相反。相较而言，第一种方法更主流。基于该方法的模型有两个，即基于顾客的品牌资产理论模型[63-65]和品牌价值链模型[66-68]。这两个模型被广泛应用[64,65,67,68]，是最典型的产品品牌建设机理模型。

本书基于区域品牌是“产业集群整体的品牌”，并且认为区域品牌建设是整个生产、经营、销售、设计和研发及相关支持产业等所有要素形成的整个集群的品牌化，是积极主动的品牌化建设，因此有必要借鉴并融合上述两种品牌建设机理研究方法，研究区域品牌建设机理。

1.5.2 地域品牌建设机理研究方法概述

地域品牌建设具有公共性和活动性特点。公共性体现公共管理活动的特点，需要公共支持。在地域品牌建设过程中，各方利益存在矛盾，因此需要加强沟通，加强控制，强调各利益相关方都参与，实施参与式地域品牌建设[69,70]。参与式地域品牌建设理念得到了地域品牌建设机理研究者的广泛认同[71]。

基于参与式地域品牌建设理念，Martinez[71]构建了一个地域品牌建设模型，用于阐述地域品牌建设机理。该模型将地域描述成利益相关方构成的复杂交互系统。在此基础上，该模型阐述了地域品牌的动态识别、定位、愿景和价值之间的关系以及与地域治理、地域战略管理、地域营销等地域品牌建设活动之间的关系。可见，该模型描述了地域品牌管理和地域管理活动之间的关系。

和地域品牌建设类似，区域品牌建设也具有公共性和活动性特点，因此可以借鉴参与式地域品牌建设理念研究区域品牌建设机理。

1.6 研究问题和目标及内容

1.6.1 研究问题和目标

由上述第 1 章第 1.2 节至第 1.5 节的研究综述可知，本书需要解决的科学问题有下述三个：

第一个问题：区域品牌形成路径是什么？路径上的要素和影响因素有什么？区域品牌建设影响因素和区域品牌形成路径是如何融合在一起综合影响区域品牌发展的？

第二个问题：区域品牌建设模式由什么要素和要素间的关系构成？

第三个问题：如何构建区域品牌建设模式？

本书有三个研究目标。针对第一个问题，研究目标是提出并验证区域品牌建设机理模型。针对第二个问题，研究目标是提出并验证区域品牌建设模式构成模型。针对第三个问题，研究目标是提出并验证区域品牌建设模式构建模型。

1.6.2　研究内容

全书共分 9 章，主要内容如下。

第 1 章，绪论。

介绍选题背景、研究的必要性和意义，以及国内外相关领域研究概况，从而明确研究目标、主要内容和思路，给出全书整体结构，最后阐述本书的主要创新之处。

第 2 章，构建区域品牌建设机理模型提出思路和分析框架。

区域品牌建设涉及众多主体、众多客体和多类活动，具有复杂性和社会性特点，难以构建区域品牌建设机理模型；并且，区域品牌属于准公共品。因此，为了更好地提出区域品牌建设机理模型，有必要做好以下工作：

首先，构建区域品牌建设机理模型提出思路和整合分析框架。通过分析区域品牌特性，得出区域品牌建设的复杂性，进而提出区域品牌建设机理模型应满足的要求。其中的要求之一是，区域品牌建设属于产业集群整体的主动的经济活动，不仅需要考虑消费者消费过程，而且需要考虑工业（再）生产过程。在此基础上，采用目标手段链方法，从区域品牌建设属于典型的经济活动出发，运用社会嵌入理论、结构功能主义、社会角色理论、品牌资产理论，构建区域品牌建设机理模型提出思路，用于明确分析提出机理模型的过程、内容和所用理论方法。

其次，基于区域品牌建设机理模型提出思路，构建区域品牌建设机理模型整合分析框架。该框架要求从区域品牌建设主体社会结构、建设活动、品牌发展三者及其之间的关系研究区域品牌建设机理。

最后，基于区域品牌建设机理模型提出思路和整合分析框架，提出本书构建区域品牌建设机理模型的四个前提假设，用于界定本书后续研究成果的适用领域。

第3章，提出区域品牌建设机理模型。

基于第2章构建的区域品牌建设机理模型提出思路和整合分析框架，以及四个前提假设，运用社会嵌入理论、结构功能主义、社会角色理论、基于顾客的品牌资产理论、产业集群发展阶段理论，提出区域品牌建设机理模型，并将该模型与品牌价值链模型进行比较。

首先，运用联想网络记忆模型，并借鉴服务质量感知模型，将针对产品品牌提出的基于顾客的品牌资产理论，推广到区域品牌，提出基于客体的品牌资产理论，从而提出有关区域品牌资产来源的命题。

其次，运用结构功能主义、社会角色理论、社会嵌入理论，分析提出描述区域品牌建设主体之间的分工和协调、以及区域品牌建设决策者主导地位形成途径的命题；运用结构功能主义，分析提出描述区域品牌建设活动类别、以及区域品牌建设活动与主体社会结构之间相互作用的命题；运用产业集群发展阶段理论，分析提出描述区域品牌发展对品牌建设活动、品牌建设主体社会结构具有反馈作用的命题。

最后，综合上述命题，提出区域品牌建设机理价值网模型。该模型综合描述区域品牌形成路径和影响因素，能揭示区域品牌资产来源和品牌建设的动态性、区域品牌建设的核心和关键、区域品牌建设面临的两类核心问题。

第4章，提出区域品牌建设模式构成和构建模型。

由第3章提出的区域品牌建设机理模型可知，区域品牌建设模式的基本构成要素至少包括区域品牌建设理念、区域品牌建设主体和建设活动。区域品牌建设机理模型主要阐述这些要素之间的关系，没有阐述各要素内部的构成和关系问题，尚未回答如何构建区域品牌的问题。针对这些问题，本章在区域品牌建设机理模型的基础上，提出区域品牌建设模式构成模型和构建模型。其中的构建模型包括构建框架模型和构建过程模型。

首先，在分析区域品牌建设模式的基本构成要素的子要素之间面临的关系问题后，提出这些关系问题的解决方法，进而提出区域品牌建设模式构成模型。区域品牌建设模式由战略和战术相结合的区域品牌建设理念、区域品牌建设决策者主导方式、区域品牌赢得活动和资格活动等三类要素以及三类要素间相互约束相互协调的关系构成。

其次，为满足区域品牌建设理念对战略和战术相结合的要求，提出命名为“区域品牌识别和形象差距模型”的分析工具，用于判定区域品牌建设是否实现了战略和战术相结合的理念，并通过差距分析辅助判定区域品牌建设面临的现实问题。

区域品牌建设模式构建框架模型是一个基于区域品牌发展阶段和时期、区域品牌赢得活动和决策者主导方式等三个维度，构建区域品牌建设模式的方法工具。

区域品牌建设模式构建过程模型描述区域品牌建设模式的主要构建步骤、每个步骤的主要内容、可以使用的方法工具。该过程模型具有理论依据和集成性特点，可以集成本书提出的战略和战术相结合的区域品牌建设理念、产业集群发展阶段与区域品牌发展阶段对应关系、区域品牌识别和形象差距模型、区域品牌建设模式构建框架模型。

第 5 章，设计实证研究方法。

为了满足科学理论构造的演绎性要求，本书第 2 章至第 4 章运用社会嵌入理论、结构功能主义、社会角色理论、品牌资产理论，采用从一般抽象到具体、从上到下的演绎推理方式，提出区域品牌建设机理模型、品牌建设模式构成和构建模型。为了满足证伪性的要求，本书从第 5 章开始进行实证研究，试图从具体到一般，从下到上，通过归纳方法，验证提出上述理论模型。为此，本章将对实证研究方法进行设计。

在分析实证研究问题、内容及特点的基础上，选取多案例方法为实证研究方法，并进一步论证该方法的适用性，进而选取工业和信息化部 2014—2018 年确定的 109 家区域品牌建设试点产业集群为案例总体。

为了利用区域品牌建设的当前状况实证区域品牌建设模式构成模型，笔者选取深圳内衣、随州专用汽车、四平换热器、清溪光电通讯和澄海玩具等 5 个典型产业集群作为样本，依据各集群试点申报材料、示范申报材料以及试点示范年度总结材料等二手资料，确定区域品牌建设模式案例研究方法。

为了利用区域品牌建设历史实证区域品牌建设模式演化和建设机理，本书分析选取深圳钟表和古镇灯饰 2 个典型集群作为样本，并从提升研究信度和效度出发，分析提出数据收集方法和数据分析方法，从而确定区域品牌建设模式演化和机理模型的案例研究方法。

第 6 章，通过案例研究区域品牌建设模式现状。

基于第 5 章所选样本，分别对选取的深圳内衣、四平换热器、清溪光电通讯、随州专用汽车和澄海玩具等 5 个样本，从区域品牌建设活动入手，分析这些样本的区域品牌建设模式现状，得到 5 种各具特色的区域品牌建设模式。它们分别是：打造创新完整链提供持续创新驱动力的行业协会主导型模式、创新品牌共享机制避免价格逐底的产业联盟主导型模式、创建科技创新体系和创业体系的地方政府间接主导型模式、搭建全产业链共享服务平台的地方政府间接主导型模式、顺应产业发展趋势跨界合作创新的地方政府间接主导型模式。

第 7 章，通过案例研究行业协会主导型区域品牌建设模式演化和机理。

以深圳钟表为例，案例分析研究区域品牌建设现状、区域品牌建设主体社会结构现状和演化、区域品牌建设活动及与发展阶段的协调性、区域品牌建设模式的构成和演化、区域品牌建设机理。

第 8 章，通过案例研究地方政府主导型区域品牌建设模式演化和机理。

以古镇灯饰为例，案例分析研究区域品牌建设现状、区域品牌建设主体社会结构现状和演化、区域品牌建设活动及与发展阶段的协调性、区域品牌建设模式的构成和演化、区域品牌建设机理。

第 9 章，跨案例比较研究。

在第 6 章至第 8 章的基础上，从区域品牌建设机理、区域品牌建设模式构成和演化等 3 个方面进行跨案例比较研究，以便验证理论分析提出的区域品牌建设机理模型和构成模型，并获得基于实践的区域品牌建设模式共性演化规律和区域品牌建设的一般性规律。

1.7 研究方法

本书的上述研究内容可以分为两大部分。一是理论研究，包括第 2 章至第 4 章。二是实证研究，包括第 5 章至第 9 章。本书将依据这两部分研究内容的特点，采用不同的研究方法。

理论部分旨在提出区域品牌建设机理模型、区域品牌建设模式的构成和构建模型，需要选取相关理论从一般抽象到具体、从上到下的演绎推理方式进行理论研究。吴传清[72]认为，有关区域品牌的研究成果多侧重于管理学理论和方法的运用，缺乏多学科交叉研究的创新性观点。由于区域品牌建设涉及众多不同类别的建设主体，并且这些主体都集聚在一定地域内，形成一个小范围的社会体系。因此，本书将运用社会嵌入理论、结构功能主义、社会角色理论等社会学理论，以及基于顾客的品牌资产理论等管理学相关理论和方法，进行交叉综合研究。

实证部分旨在论证区域品牌建设机理模型、区域品牌建设模式构成和构建模型。这些模型涉及品牌资产形成路径和影响因素、模式构成和创建过程，具有复杂性和溯因性。多案例研究不但能进行溯因研究，而且能从整体性视角研究复杂现象[73]。因此，本书将采用多案例研究方法进行实证部分研究。

1.8 本书结构和研究思路

全书共 9 章，第 1 章为绪论，第 2 章至第 4 章为理论研究，第 5 章至第 9 章为实证研究，最后为全书结论和研究展望。本书的整体结构如图 1－1 所示。

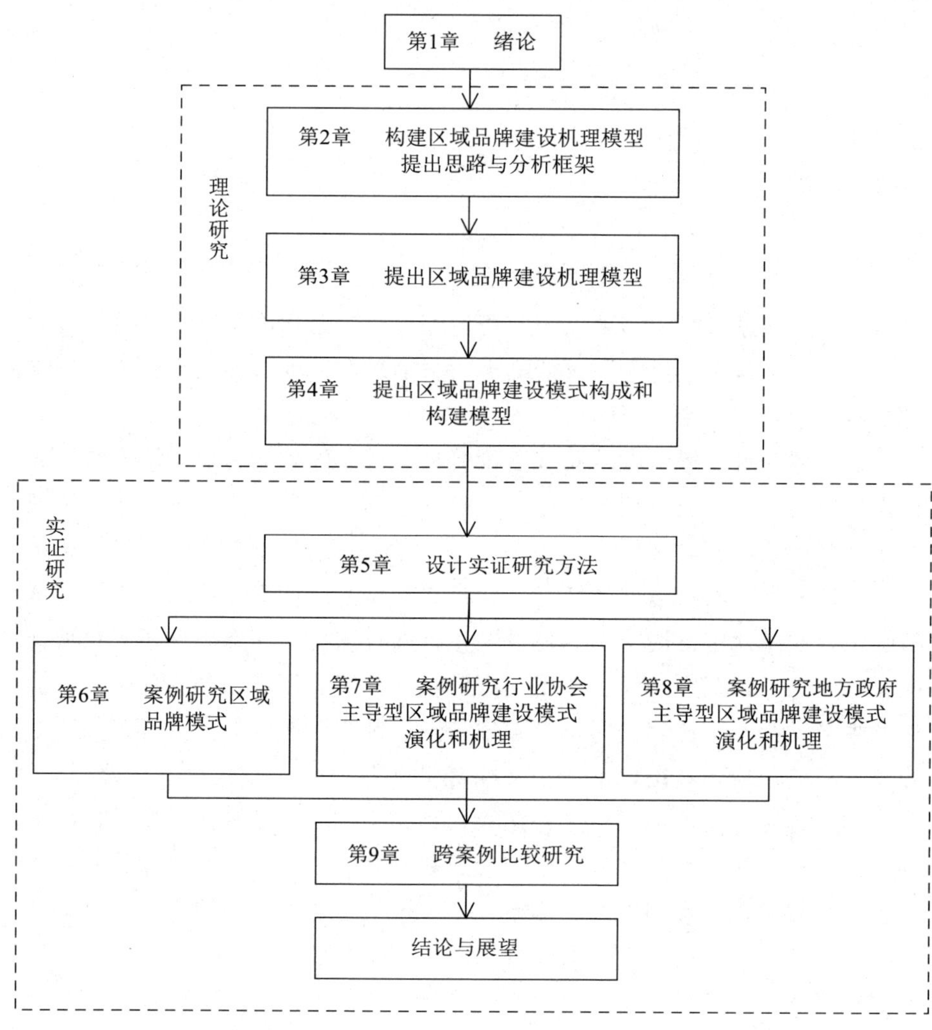

图 1－1 本书结构

理论研究部分，首先构建区域品牌建设机理模型研究思路和分析框架，以及区域品牌建设机理模型的四个前提假设。在此基础上，提出区域品牌建设机理模型，并进一步提出区域品牌建设模式构成模型和构建模型。

实证研究部分，首先，分析实证研究问题、内容及特点，选取多案例研究为实证研究方法，并进一步设计实证研究方法。其次，基于设计好的方法，针对深圳内衣、四平换热器、清溪光电通讯、随州专用汽车和澄海玩具等 5 个样本，基于区域品牌建设现状进行区域品牌建设模式进行案例研究；分别针对深圳钟表和古镇灯饰，基于区域品牌建设历史和案例研究行业协会主导型和地方政府主导型区域品牌建设机理和模式。最后，对 7 个样本，进行跨案例比较研究。

1.9 主要创新点

本书围绕工业产业区域品牌建设机理构建问题、区域品牌建设模式构成和构建问题，对区域品牌建设机理、区域品牌建设模式构成和构建进行了理论和实证研究。研究取得的创新之处主要有以下六点：

（1）提出了一个区域品牌建设机理价值网模型

已有文献没有提出融合区域品牌形成路径和影响因素的机理模型。为此，本书首先构建区域品牌建设机理模型提出思路和整合分析框架，以及四个前提假设，并运用社会嵌入理论、结构功能主义、社会角色理论、基于顾客的品牌资产理论、产业集群发展阶段理论，提出了一个融合区域品牌形成路径和影响因素的区域品牌建设机理价值网模型。该模型是一个具有反馈的网状式因果模型，包括"主体社会结构—活动—品牌发展" 3 大类要素、由 3 大类要素构成的拉动和推动区域品牌形成的 2 条路径、2 条路径构成相互促进相互约束的 2 个闭环、以及各路径上的影响因素。

（2）提出了一个区域品牌建设模式构成模型

未曾发现专门研究区域品牌建设模式构成的文献。本书基于区域品牌建设机理价值网模型，在分析区域品牌建设模式的基本构成要素及子要素之间面临的关系问题后，通过提出这些关系问题的解决方法，提出了一个区域品牌建设模式构成模型。区域品牌建设模式包括战略和战术相结合的区域品牌建设理念、区域品牌建设决策者主导方式、区域品牌赢得活动和资格活动等 3 类要素，以及 3 类要素之间相互约束相互协调的关系。

（3）提出了一个包括区域品牌建设模式构建框架模型和构建过程模型在内的区域品牌建设模式构建模型

至今作者未曾发现如何构建区域品牌建设模式的文献。为此，本书基于区域品牌建设机理价值网模型和区域品牌建设模式构成模型，在提出区域品牌识别和形象差距模型后，提出了区域品牌建设模式构建框架模型和区域品牌建设模式构建过程模型。

区域品牌建设模式构建框架模型是一个基于区域品牌发展阶段和时期、区域品牌赢得活动和决策者主导方式等3个维度，构建区域品牌建设模式的方法工具。

区域品牌建设模式构建过程模型描述了区域品牌建设模式的主要构建步骤、每个步骤的主要内容、可以使用的方法和工具。该过程模型具有理论依据和集成性特点，集成了本书提出的战略和战术相结合的区域品牌建设理念、产业集群发展阶段与区域品牌发展阶段对应关系、区域品牌识别和形象差距模型、区域品牌建设模式构建框架模型。

（4）通过案例研究得到了各具特色的7种典型区域品牌建设模式，基本验证了区域品牌建设模式构成模型

通过对选取的深圳内衣、四平换热器、清溪光电通讯、随州专用汽车、澄海玩具、深圳钟表和古镇灯饰等7个区域品牌样本的案例研究，总结得到了七种各具特色的区域品牌建设模式：打造创新完整链提供持续创新驱动力的行业协会主导型、创新品牌共享机制避免价格逐底的产业联盟主导型、创建科技创新体系和创业体系的地方政府间接主导型、搭建全产业链共享服务平台的地方政府间接主导型、顺应产业发展趋势跨界合作创新的地方政府直接主导型、公共服务体系齐全治理规范的行业协会主导型、强化创新设计环境和整合营销的地方政府间接主导型。

这些模式从区域品牌赢得活动和资格活动、决策者主导方式两个维度验证了基于理论分析提出的区域品牌建设模式构成模型。这些模式包括品牌核心价值或问题导向和目标导向，而非理论模型中的战略和战术相结合的区域品牌建设理念。

（5）以深圳钟表和古镇灯饰为例，经实证得出了区域品牌建设模式的共性演化规律，从侧面验证了区域品牌建设模式构建模型

对深圳钟表和古镇灯饰两个区域品牌样本的案例研究，得到了区域品牌建设模式的共性演化规律：都从数量规模型区域品牌建设模式，演化为高品质型区域品牌建设模式，再演化到创新型区域品牌建设模式；3个模式分别发生于产业集群发展的数量扩张阶段、质量提升阶段和微笑曲线两端创新阶段；演化过程中，区域品牌建设主导方式和区域品牌核心价值维

持不变，但品牌赢得活动和资格活动都会显著改变；演化过程中，区域品牌建设主体社会结构越来越趋向市场化主体的增加，其中，深圳钟表早期就以民营化和市场化为主，并持续坚持，而古镇灯饰越来越趋向市场化主体的增加，但两者总体都是趋向以民营化和市场化为主。

（6）以深圳钟表和古镇灯饰为例，经实证得出了区域品牌建设机理模型和一般性建设规律，基本验证了区域品牌建设机理价值网模型

区域品牌建设机理模型包括区域品牌建设主体社会结构、建设活动、品牌发展等 3 类要素，3 类要素之间的 2 条区域品牌形成路径及 2 条路径间形成的相互促进相互协调的 2 个区域品牌形成闭环，以及各路径上的影响因素。共性影响因素有产业和品牌发展要求、资源、能力和信任等。对于深圳钟表和古镇灯饰两个不同的区域品牌、或同一区域品牌的不同发展阶段，区域品牌建设主体社会结构和建设活动可能不同。实证得到的区域品牌建设机理模型在影响因素方面多于理论上提出的区域品牌建设机理价值网模型。由于没有从集群客体收集数据，理论模型中的命题 1 没有验证。除命题 1 和影响因素有些不同之外，验证了区域品牌建设机理价值网模型。

区域品牌建设 4 个一般性规律是，需要在各类区域品牌建设主体间构建符合地域和产业特点的包含不同角色和地位的分工体系；通过在不同角色间嵌入合适的地域和产业文化、机制和关系，实现分工下的不同角色间的协调；通过市场化方式获取并集聚资源，构建区域品牌建设公共服务平台，形成能力，开展市场化品牌建设活动；依据区域品牌发展不同阶段的不同要求，分工、协调、资源、能力、平台和活动需要加以调整或强化。

第 2 章

区域品牌建设机理模型提出思路和分析框架

品牌建设涉及主体、客体和载体。对区域品牌而言，建设主体可能有行业主管部门、地方主管部门、行业中介组织、各类企业。客体既有购买或消费集群产品和服务的顾客，也有集群的潜在投资者，还有求职人才和供应商等。载体既有产品，也有品牌建设活动和服务。区域品牌建设涉及众多主体、众多客体和多类活动，具有复杂性和社会性特点，难以构建品牌建设机理模型。并且，区域品牌属于准公共品。因此，本章将构建区域品牌建设机理模型的思路和整合分析框架，以便后一章提出机理模型。

2.1 区域品牌建设的复杂性及机理模型应满足的要求

本节将通过分析区域品牌特性，得出区域品牌建设的复杂性，进而提出区域品牌建设机理模型应满足的要求。

2.1.1　区域品牌特性

本部分将通过比较区域品牌和产品品牌、企业品牌及地域品牌的异同，归纳总结得到区域品牌特性。

就共性而言，产品品牌、企业品牌和区域品牌都是综合性无形资源，都是通过品牌主体个性、客体信心等手段建设品牌，都是为了实现差异化竞争而获得品牌附加值。

如表 2－1 所示，产品品牌、企业品牌和区域品牌在品牌主体、客体和载体方面显著不同，并因此导致众多方面呈现显著不同。

表 2－1　区域品牌和产品品牌及企业品牌的比较

比较项	产品品牌	企业品牌	区域品牌
核心主体	企业	企业	地方政府、行业协会、产业联盟、骨干企业
核心客体	顾客	顾客	顾客、投资商、人才、供应商
核心载体	产品	企业	集群内各类行为主体、公共服务平台、软环境
产权特性	私有品，排他性、竞争性	私有品，排他性、竞争性	准公共品，非排他性、非竞争性
品牌治理	企业外部治理；重点在品牌使用过程中的治理	企业外部治理；重点在品牌使用过程中的治理	集群内部和外部治理，包括品牌创建过程和使用过程中的治理
品牌形象	对产品的独特形象	对企业的独特形象	区域集群整体形象
品牌联想	对产品的联想有限，情感单一	对企业的联想有限，情感单一	对区域集群整体的联想丰富，情感丰富
品牌效应	促销方面的规模和范围经济效应，外部效应较有限	促销和融资方面的规模和范围经济效应，外部效应有限	研发、促销、投资等多方面的规模和范围经济效应，外部效应大

在品牌建设主体方面，区域品牌与产品品牌、企业品牌不同。产品品牌和企业品牌的核心主体是企业，而区域品牌的建设主体可能有所在地政

府、集群企业协会、集群内多个关联企业联盟，集群内的优势企业等[74]。客体方面，产品品牌和企业品牌的核心客体是顾客；对于区域品牌，不仅有顾客，还有投资商、人才和供应商等。载体方面，产品品牌和企业品牌的核心载体是产品或企业；对于区域品牌，不仅有地方政府、行业协会、产业联盟、骨干企业等各类行为主体，还有区域公共服务平台和软环境，以及各类品牌建设活动。总之，产品品牌和企业品牌都具有单一性的核心主体、客体和载体；然而，对于区域品牌，无论核心主体、客体和载体，都具有多样性、非唯一性特点。

上述主体、客体和载体的单一性和非唯一性特点将导致产品品牌、企业品牌和区域品牌在产权特性方面的显著不同。产品品牌和企业品牌都属于私有品，具有排他性和竞争性特点；而区域品牌属于准公共品，具有非排他性和非竞争性特点。吴传清等[14]认为，区域品牌具有区域俱乐部型公共产品、区域共有产权和区域标识性知识产权等显著属性。

产权特性的差异性进一步导致产品品牌、企业品牌和区域品牌在品牌建设范围和内容方面显著不同。对于产品品牌和企业品牌，品牌建设重点在企业外部，重点在品牌建设和使用过程中的宣传和治理。对于区域品牌，不但需要集群内部建设，还需要集群外部建设。

前述主体、客体和载体的单一性和非唯一性将导致产品品牌、企业品牌和区域品牌在品牌形象、品牌联想和品牌效应方面的显著不同。对于产品品牌和企业品牌，品牌联想仅限于产品或企业的独特形象，联想有限，情感单一；品牌效应主要限于促销方面的规模和范围经济效应，外部效应较有限。对于区域品牌，品牌联想关乎区域集群整体形象，联想丰富，情感丰富，品牌效应涉及研发、促销、投资等多方面的规模和范围经济效应，外部效应大。

产品品牌、企业品牌和区域品牌之间差异性的逻辑关系如图 2－1 所示。由于三者在主体、客体、载体的单一性和多样性的区别，导致了三者在品牌产权的私有性和公有性的区别，进而导致品牌建设范围和内容的差异性。由于三者在主体、客体、载体的单一性和非唯一性的区别，导致了品牌形象的单一性和广泛性的差异，进而导致品牌联想的单一性和丰富性区别，并进一步导致品牌效应的单一性和广泛性区别。

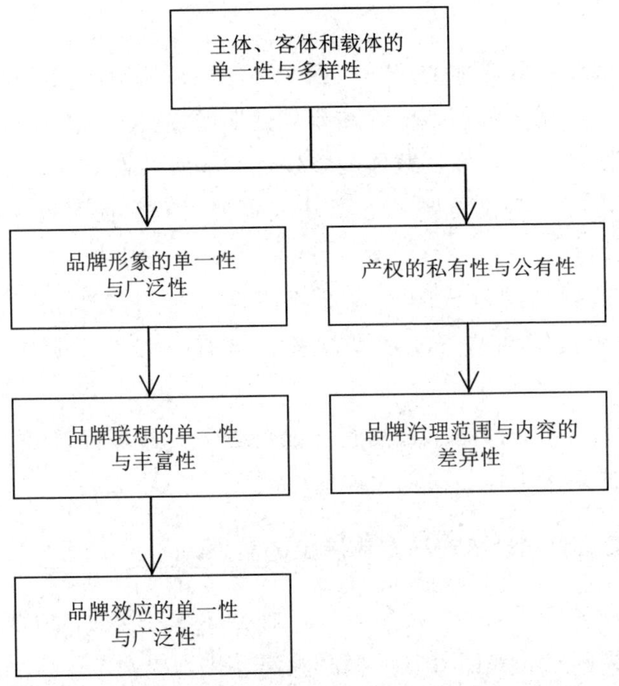

图 2-1　产品品牌、企业品牌和区域品牌之间差异性的逻辑关系示意图

2.1.2　区域品牌建设的特征及面临的主要问题

基于上述对区域品牌特性的分析，可以看出区域品牌建设具有复杂性、社会性、过程性、阶段性和动态性等特征。至少体现在以下 6 个方面：

第一，区域品牌主体的多样性和非唯一性，使得区域品牌建设面临“缺乏有力行为主体”的问题，需要解决多主体间的分工和协作问题。

第二，区域品牌主体的多样性和非唯一性，使得区域品牌建设面临“缺乏品牌责任者”的问题，需要解决准公共品导致的搭便车问题、区域品牌治理问题。

第三，区域品牌主体、客体和载体构成一个区域品牌建设社会系统；多样性和非唯一性的众多区域品牌建设主体集聚在一定地域内，形成一个区域品牌建设的次级社会系统；从而使区域品牌建设不仅仅是经济建设活动，受经济因素影响，而且是一定程度上的社会活动，受社会文化因素影响。

第四，区域品牌客体的多样性和非唯一性，使得区域品牌建设需要考虑众多客体对区域品牌的多样性和差异性期望和要求。

第五，区域品牌客体、载体的多样性和非唯一性，使得区域品牌建设活动涵盖的范围，不仅需要考虑消费者消费过程，而且要考虑基于工业（再）生产过程。

第六，区域品牌建设的上述特征使得区域品牌建设不是一蹴而就的，需要一个持续性的长期建设过程，具有过程性、阶段性和动态性特点。

总而言之，相对产品品牌和企业品牌建设，区域品牌建设更具难度，是一项长期的系统工程。

2.1.3 区域品牌建设机理模型应满足的要求

基于区域品牌建设的上述复杂性、社会性、过程性、阶段性和动态性特点，以及面临的主要问题，区域品牌建设机理模型至少应满足以下 4 点要求：

第一，能解决区域品牌建设面临的分工和协作问题、搭便车问题。

第二，不但需要考虑经济因素，还需要考虑社会文化因素。

第三，模型涵盖的范围，不仅包括消费者消费过程，而且要包括工业（再）生产过程。

第四，需要考虑区域品牌建设的过程性、阶段性和动态性特点。

2.2 区域品牌建设机理模型的提出思路

运用目标手段链方法，本节将构建如图 2－2 所示的区域品牌建设机理模型提出思路。

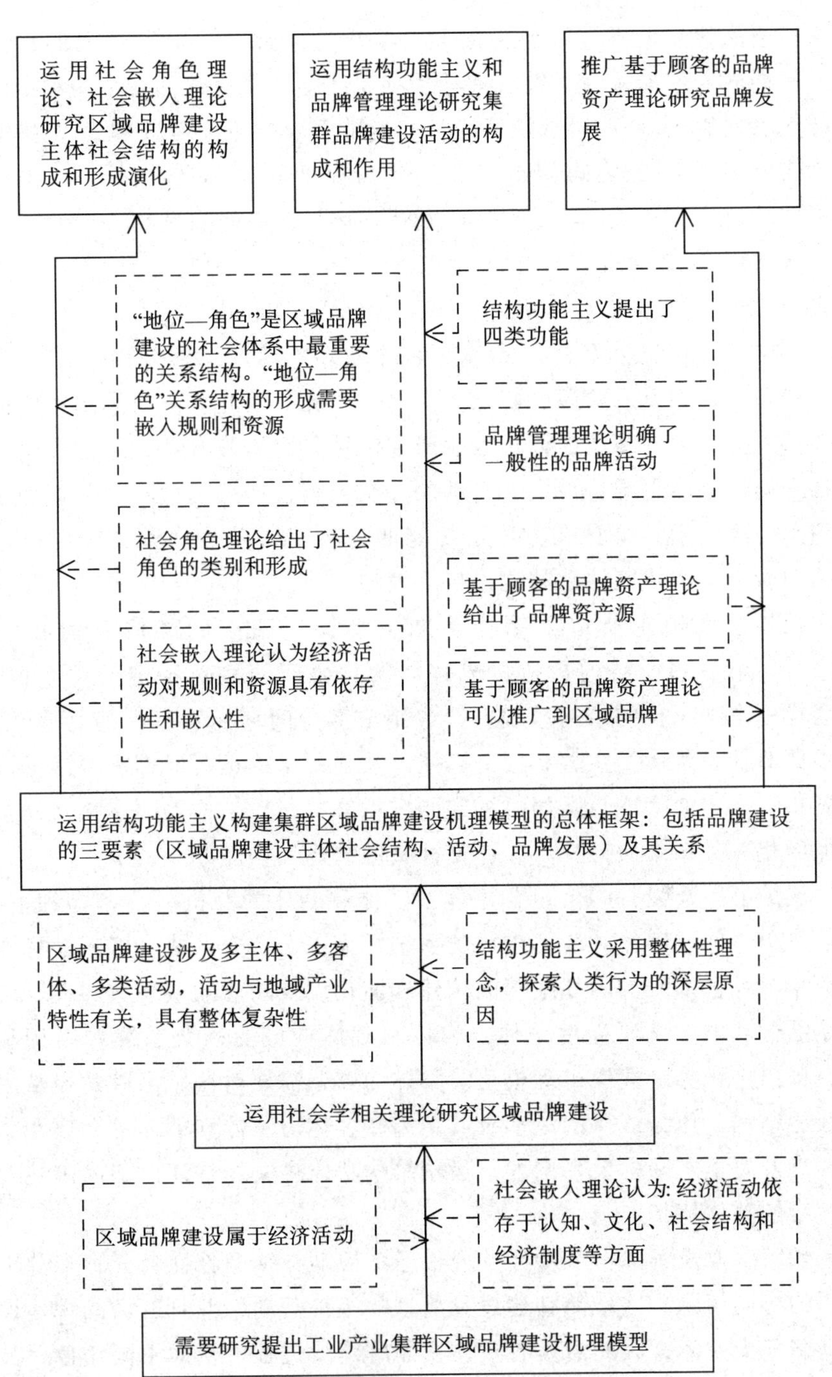

图 2-2　区域品牌建设机理模型提出思路示意图

区域品牌建设不仅是典型的经济活动，而且是一定程度上的社会活动。社会嵌入理论认为，经济活动依存于认知、文化、社会结构和经济制度等众多因素[75-77]。该理论已经较好地应用于产业集群治理[78]、集群企业创新能力[78, 79]、协同创新[80, 81]、集群企业知识创造绩效[82]、集群企业创新绩效[83, 84]、集群企业技术创新绩效[85-87]等研究领域。因此，为了提出区域品牌建设机理模型，可以运用社会学相关理论研究区域品牌建设。

区域品牌建设涉及许多主体、客体和多类活动。这些活动需结合地域、产业、品牌发展阶段的特点才能有效实施。因此，需要采用整体性思维，从人类活动的深层原因出发，研究区域品牌建设机理。结构功能主义采用全局性整体思维探讨人类行动的深层原因，在社会学和公共管理领域得到了广泛应用，是具有方法论功能的分析工具[88,89]。因此，可以运用结构功能主义构建区域品牌建设机理模型。

社会学家帕森斯运用结构功能主义探讨隐蔽的结构和潜在的功能[88,89]。在这里，结构是指构成整体的各要素间相对稳定的关系模式。社会是一个组织化的结构系统，其各组成部分间存在着有序的结构关系，并以此对社会整体发生着相应的功能。功能是结构运行所带来的活动后果和影响。一定的功能总是通过一定的结构来执行。结构功能主义从结构和功能的相互关系中研究社会、研究社会的结构和功能。

区域品牌建设是一个包含主体、客体和载体的有机联系整体和系统，可以将由主体、客体和载体构成的系统视为一个社会系统。区域品牌建设有赖于该社会系统的内在结构的构建和演化以及功能的实现。因此，可以运用结构功能主义研究由主体、客体和载体构成的社会系统的结构和功能，提出区域品牌建设机理模型。具体而言，需要对区域品牌建设从主体的社会结构、作为载体的活动及其结果、客体对主体和载体的期望和感知等要素及要素之间的关系出发，运用结构功能主义，构建区域品牌建设机理模型的总体框架。

如第 1 章及第 2. 1 节所述，现代经济活动必须面临社会分工和分工环境下的协同问题。区域品牌建设是典型的经济活动，并且区域品牌建设涉及众多各类主体，因此需要各主体在品牌建设过程中扮演不同角色，具有不同地位，实现不同分工。并且角色之间具有相互联系和配合，在分工的同时实现各主体间的协同。各主体的“地位—角色”是工业产业集群社会结构中最重要的关系结构。关系结构的形成和演化需要嵌入规则和资源。社会角色理论给出了不同类别的角色以及形成规律[90]，并且在企业和利益相关方共建公司品牌的研究中得到了有效应用[91, 92]。社会嵌入理论认为，经济活动对规则和资源具有依存性和嵌入性。因此，可以运用社会角色理论、社会嵌入理论研究区域品牌建设主体社会结构的构成和形成演化。

结构功能主义提出了四类功能：适应、达标、整合和维模[88,89]。适应功能是指系统能适应外部环境并获得系统所需资源；达标功能是指系统能调动资源以实现系统目标；整合功能是指系统协调统一各部分，使之相互合作配合，从而使系统的整体功能得到有效发挥；维模功能是指系统应保持价值观的稳定，使活动按一定的规范和秩序进行。这些功能给出了社会行动的类别。此外，品牌管理理论明确了一般化的品牌行动。因此，可以运用结构功能主义和品牌管理理论研究区域品牌建设活动的构成和作用。

就产品品牌而言，基于顾客的品牌资产理论给出了品牌资产获得的内在机理。顾客是产品品牌的客体。区域品牌的客体不止购买或消费集群产品和服务的顾客，还包括产业集群的潜在投资者。可以将基于顾客的品牌资产理论推广到基于客体的品牌资产理论。从而，基于顾客的品牌资产理论可以为区域品牌资产的创建提供一定的指导作用。

综上分析，即可得到如前面图 2 - 2 所示的区域品牌建设机理模型提出思路。该思路明确了分析提出机理模型的过程、内容和所用理论方法。

2.3 区域品牌建设机理模型提出的整合分析框架

基于上述思路，可以提出如图 2 - 3 所示的区域品牌建设机理模型整合分析框架。

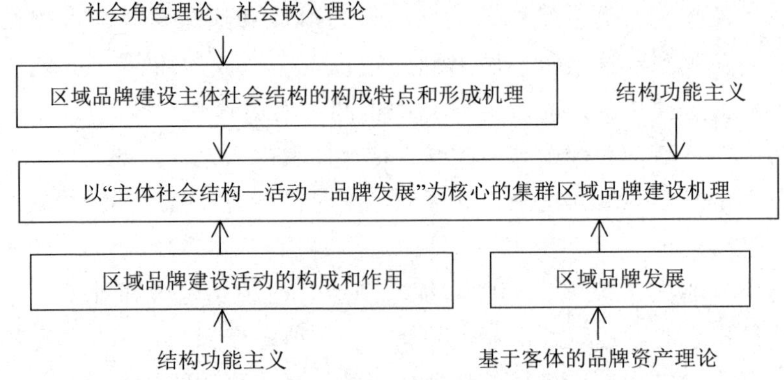

图 2-3 区域品牌建设机理模型整合分析框架

运用社会角色理论、社会嵌入理论，研究区域品牌建设主体社会结构，包括构成、特点和形成机理。运用结构功能主义研究区域品牌建设活动，包括活动的构成和作用。将针对产品品牌的基于顾客的品牌资产理论推广到针对区域品牌，得到基于客体的品牌资产理论；运用基于客体的品牌资产理论，研究客体的期望和感知，研究品牌资产来源、品牌发展。

综合这三方面的研究成果，并进一步运用结构功能主义研究主体社会结构、活动、品牌发展三者之间的关系，进而提出以“主体社会结构—活动—品牌发展”为核心，命名为“区域品牌建设机理价值网模型”的区域品牌建设机理模型。

2.4 区域品牌建设机理模型提出的前提假设

基于图 2-2 所示的区域品牌建设机理模型提出思路以及图 2-3 所示的整合分析框架，可以得到本书构建区域品牌建设机理模型的下述 4 个前提假设。

(1) 区域品牌建设涉及主体、客体和载体

主体可能有行业主管部门、地方主管部门、行业中介组织、集群各类企业。客体包括购买或消费集群产品和服务的顾客、集群的潜在投资者。

载体主要是品牌建设活动过程本身和结果，也可能有主体；品牌建设活动结果主要是产品和服务。

（2）主体、客体和载体构成一个区域品牌建设的社会系统

（3）众多的主体构成一个区域品牌建设的次级社会系统

该次级社会系统内各主体间的秩序关系构成了主体社会结构。相对于独自的各主体，该社会结构对品牌建设具有更重要的作用。

（4）客体通过预期和感知对集群做出评判，形成品牌具有的独特的市场影响力，进而形成区域品牌资产

本书后续研究将基于前述提出思路和整合分析框架。因此，这四个假设界定了本书后续研究成果的适用范围。简而言之，本书后续研究成果的适用条件是：区域品牌建设主体涉及多种类型、客体至少包括潜在投资者和顾客、载体可能包括活动和主体。

2.5 本章小结

本章采用目标手段链方法，从区域品牌建设属于典型的经济活动和一定程度的社会活动出发，运用社会嵌入理论、结构功能主义、社会角色理论、品牌资产理论，构建了区域品牌建设机理模型提出思路。该思路明确了分析提出机理模型的过程、内容和所用理论和方法。

基于区域品牌建设机理模型提出思路，本章提出了区域品牌建设机理模型整合分析框架。该框架要求从区域品牌建设主体社会结构、建设活动、品牌发展三者及其之间的关系等方面进行研究，从而提出以“主体社会结构—活动—品牌发展”为核心，名为“区域品牌建设机理价值网模型”的区域品牌建设机理模型。

基于区域品牌建设机理模型提出思路和整合分析框架，得到了本书构建区域品牌建设机理模型的 4 个前提假设。这些假设界定了本书后续研究成果的适用范围。

第3章

区域品牌建设机理模型的提出

本章基于第2章得到的区域品牌建设机理模型提出思路和整合分析框架以及4个前提假设，运用社会嵌入理论、结构功能主义、社会角色理论、品牌资产理论等理论，提出区域品牌建设机理模型。

3.1 基于客体的品牌资产理论

本节将运用联想网络记忆模型[93]，并借鉴服务质量感知模型[94,95]，将针对产品品牌的基于顾客的品牌资产理论，推广到针对区域品牌，提出基于客体的品牌资产理论，从而明确区域品牌资产的来源。

就产品品牌而言，基于顾客的品牌资产理论认为，品牌资产是顾客品牌知识所导致的对营销活动的差异化反应[63-65]。品牌知识的核心是品牌形象；品牌形象是顾客对品牌的整体印象，主要源于顾客对品牌相关属性的联想[63-65]。

联想网络记忆模型认为，记忆是由节点和相关的链接环组成[96]。将该模型推广到品牌，可以认为品牌知识能用品牌联想网络来描述[97]。品牌联想网络由品牌节点和关联属性节点构成。

基于第 2.4 节给出的前提假设，运用联想网络记忆模型，针对区域品牌，本书可以从以下方面扩展基于顾客的品牌资产理论：

首先，品牌客体的扩展。

产品品牌的客体主要是顾客，产品品牌资产仅来源于顾客，来自顾客品牌知识。对于区域品牌，客体包括购买和消费集群产品和服务的顾客和可能对集群进行投资的潜在投资者，还可能有潜在就业者等各类人才，以及供应商等。因此，需要扩展品牌资产来源的客体，区域品牌资产理论至少需要将潜在投资者和顾客包括在客体之内，而不仅仅是顾客。

其次，可能具有差异化反应的活动的推广。

基于顾客的品牌资产理论仅强调营销活动，其原因在于客体只有顾客。但是对于区域品牌，由于客体的扩展，活动也需要推广。区域品牌客体中的潜在投资者关注投资，因此需要将与投资有关的活动加入。差异化反应的活动至少包括与产品销售和投资有关的两类活动。由利润链理论和波特的价值链理论可知，这两类活动又与研发设计、生产等产业链环节活动及产业共性活动紧密关联，因此区域品牌建设活动不仅包括上述两类差异化反应活动，还包括产业链环节活动和产业共性活动。

活动的推广除了源于客体的扩展外，还与下述观点相一致：区域品牌是“产业集群整体的品牌”；区域品牌建设是整个生产、经营、销售、设计和研发及相关支持产业等所有要素形成的整个集群的品牌化建设[2]。

再次，差异化反应内容的推广。

与前两条的推广相适应，区域品牌资产不仅来源于对产品营销和投资活动两方面的差异化反应，还来源于产业链各环节活动和产业共性活动，而不仅仅是产品营销活动。

最后，品牌联想内容的推广。

产品品牌的客体主要是顾客，主要关注产品，因此品牌联想内容主要是与产品有关的信息。对于区域品牌，潜在投资者关注的内容远不止与产品有关的信息，可能更多地关注各类投资环境，其中主要包括关注区域品牌建设主体社会结构和区域品牌建设活动。

根据上面论述，可以将基于顾客的品牌资产理论从产品品牌推广到区域品牌，可以认为，区域品牌资产是品牌客体拥有的区域品牌知识所导致的对产业集群内外部活动的差异化反应。内外部活动不仅有产品营销和投资活动，而且还有产业链各环节活动和产业共性活动。

基于客体的品牌资产理论强调品牌资产的来源，包括三个重要组成部分：差异化效应、品牌知识、客体对产业内外部活动的反应。差异化反应有利于产品销售和投资，从而使品牌知识具有正向作用；也可能相反，具有反向作用。正反作用的根源在于客体内心拥有的区域品牌形象的不同。

服务质量模型认为，服务质量在于感知服务与期望服务之间的差距[95]。借鉴此观点，本书认为区域品牌形象是感知品牌联想属性和期望品牌联想属性之间的差距。当感知超过期望，形象为正面；反之为负面。正面形象有利于产品营销和投资活动，从而品牌知识具有正向作用。反之，负面形象妨碍产品营销和投资活动，从而品牌知识具有负向作用。

基于上述分析，可以提出下面 4 个命题：

命题 1：区域品牌资产源于客体（至少包括顾客和潜在投资者）对集群产品营销和投资活动、产业链各环节活动和产业共性活动等产业集群内外部活动的差异化反应。

命题 2：区域品牌客体拥有的区域品牌形象与品牌资产呈正相关关系。

命题 3：品牌形象一部分来源于客体对区域品牌建设活动过程本身和结果的感知和期望。

命题 4：品牌形象一部分来源于客体对区域品牌建设主体社会结构状况的感知和期望。

这 4 个命题描述区域品牌资产的来源，描述品牌资产与品牌建设活动、区域品牌建设主体社会结构之间的关系，并且能体现区域品牌发展状况。

3.2 区域品牌建设主体社会结构的构成和形成

区域品牌建设主体社会结构用于描述各主体间的秩序关系。结构功能主义认为，秩序关系是社会结构的本质。区域品牌属于准公共品，涉及多主体，需要加以治理，以便形成各主体间合理的社会秩序。

为了研究社会互动发展的本质，结构功能主义专门引入“地位—角色”加以分析[88, 89]。“地位—角色”是社会系统互动过程中最重要主体之间的关系结构。其中的主体可以是组织，也可以是个体。地位是行动者在社会系统中所处的结构性方位。角色是社会对这一位置所具有的行为期待。社会互动是一系列不同“地位—角色”行动者之间互动关系的表现。只有将行动者的地位予以界定，行为期待才可以在社会结构中发挥相应功能；角色和地位通过关系规范和良性互动可以促进社会结构的均衡和社会秩序的稳定。因此，可以将“地位—角色”作为核心，研究区域品牌建设主体社会结构。

为促进区域品牌建设，需要从事多类品牌建设活动，需要对品牌建设活动做出决策并加以执行。因此，区域品牌建设主体社会结构至少有决策者和执行者两类角色。前者制定重大决策；后者加以执行。决策者需要对区域品牌建设的重要决策做出决断，因而有必要引入辅助决策者和评审者。辅助决策者为决策者提供决策所需专业知识、信息以及备选方案，协助决策者做出决断。评审者对决策者和辅助决策者制定的决策方案、执行者的执行状况做出评判；评判结果有助于决策者和辅助决策者后续开展与决策有关的工作。决策者、辅助决策者和执行者是被评审者。区域品牌建设活动种类多并且复杂，为提升执行效率和效果，有必要引入辅助执行者，协助执行者与执行者共同执行区域品牌建设活动。因此，区域品牌建设主体社会结构至少包括决策者和执行者，还可能包括辅助决策者、评审者、被评审者、辅助执行者等角色。

就地位而言，决策者制定决策，是区域品牌建设的主导者，处于首要地位。执行者执行决策，是区域品牌建设的响应者，处于辅助地位。由社会角色理论关于角色的对应性可知，决策者和执行者互为对应，相互依存。类似地，决策者和辅助决策者互为对应，相互依存；但是决策者处于首要地位，是主导者。执行者和辅助执行者互为对应，相互依存；但是执行者处于首要地位。评审者和被评审者互为对应，相互依存。从所有角色的这些地位关系可以看出，决策者是区域品牌建设的主导者，是区域品牌建设的核心角色。

工业产业集群内的组织通常有行业主管部门、地方主管部门、各类行业中介组织，以及具有不同规模和不同影响力可能处于产业链不同位置的企业。行业主管部门和地方主管部门可能会成为决策者、辅助决策者、评审者、被评审者，通常不应单独成为执行者和辅助执行者。中介组织和企业可能会成为决策者、执行者、辅助决策者、评审者、被评审者、辅助执行者。并且，行业主管部门、中介组织和企业都可能集多个角色于一身。

社会角色理论认为，角色的获得有先赋和自致两种途径[88,89]。决策者地位可以通过制度性赋予获得，也可以通过自身取得的成就被认可，从而自致获得。对于区域品牌建设，制度性赋予通常来自行业主管部门或地方主管部门。由于区域品牌建设涉及众多主体，并且区域品牌属于准公共品，因此，无论是制度性赋予还是自致获得，决策者都必须通过不断取得成就，持续被集群内各方认可，才能维持地位。成就必须是有利于整个产业集群，有利于各企业，才能获得各方认可。决策者的角色预期是制定可以取得良好实施效果的重大决策。因此，决策者能获得各方认可的成就主要通过品牌建设活动的有效决策直接获取，通过品牌建设活动的有效实施间接获取。

社会嵌入理论认为，经济活动必须嵌入到社会中，必须将认知、文化、政治制度等嵌入经济活动，才有可能达到预期目标。依据该理论，对于区域品牌建设，必须将区域品牌建设过程需要的各类必需的资源和规则嵌入社会结构中。资源是区域品牌建设需要的公共资源，包括有形和无形资源。规则是主体社会结构内各类角色在区域品牌建设过程中需要遵守的各类行为准则和规范以及产业和品牌发展认知等。需要嵌入的行为准则和规范通常有地域文化、产业文化等。需要嵌入的产业和品牌发展认知通常有包括区域品牌识别和定位在内的产业和区域品牌建设规划、与产业发展和品牌建设有关的知识等。

基于前述分析，可以提出以下 2 个命题，即：

命题 5：区域品牌建设主体社会结构是由决策者和执行者等角色构成的一个角色网络；网络中需要嵌入规则和资源，规则通常有行为准则和规范、以及产业和品牌发展认知；决策者是角色网络的核心，是品牌建设的主导者；通过构建区域品牌建设主体社会结构实现分工和协调。

命题 6：决策者可以通过先赋和自致两种途径获得主导者地位，但必须通过自身持续取得被公认的成就才能维持其地位。

这 2 个命题描述了区域品牌建设主体之间如何分工和协调，如何治理，描述了区域品牌建设决策者主导地位的形成途径。

3.3
区域品牌建设活动的构成及与主体社会结构之间的相互关系

结构功能主义认为，社会结构和社会化活动具有适应、达标、整合和维模等四类功能[88,89]。为实现这 4 类功能，区域品牌建设应包括以下 4 类活动。

（1）适应型活动

该类活动是指为适应外部环境并从外部获取区域品牌建设所需资源和认知的活动。该类典型活动有区域品牌战略规划、区域品牌基础建设、营销和宣传平台建设、区域品牌评价等。

通过适应型活动，可以将外部资源嵌入到区域品牌建设主体社会结构之中、也可以将产业和品牌战略目标和方针等有关产业和品牌发展的认知嵌入其中，进而保证其他类型活动的目标和方向，使品牌建设活动与外部环境相协调，从而满足了客体对集群品牌建设的期望。

（2）达标型活动

该类活动是指调动产业集群内部资源以完成区域品牌建设的活动。此类典型活动有组织和资源管理。达标型活动之外的其他三类活动都有可能需要调动产业集群内部资源，都可能包括这类活动。通过达标型活动，可以提升嵌入到区域品牌建设主体社会结构之中的资源的利用率，从而高效地建设区域品牌。

（3）整合型活动

该类活动旨在协调统一区域品牌建设各主体，使之相互合作配合，从而使产业集群整体功能得到有效发挥。这类典型活动有区域品牌文化培育。通过整合型活动，可以将区域品牌发展需要的规则嵌入主体社会结构，进而可以提升资源利用率，有效建设区域品牌。

（4）维模型活动

该类活动旨在使区域品牌建设各主体保持价值观的稳定，并使得各主体按一定规范和秩序进行活动。该类典型活动有区域品牌信誉风险及危机管理。通过此类活动可以维持主体社会结构的相对稳定、维持品牌声誉，促进品牌健康平稳发展。

总之，通过适应型和整合型活动可以将外部资源、包括产业和品牌战略目标和方针等在内的产业和品牌认知、各类行为准则和规范嵌入区域品牌建设主体社会结构之中。通过达标型和整合型活动可以提升资源利用率。通过维模型活动，可以维持主体社会结构的相对稳定，促进品牌健康平稳发展。因此，可以得到以下 2 个命题，即：

命题 7：区域品牌建设包括适应、达标、维模和整合等四类活动。

命题 8：区域品牌建设活动可以将外部资源、包括产业和品牌战略目标和方针等在内的产业和品牌认知、行为准则和规范嵌入区域品牌建设主体社会结构，还可以促进主体社会结构的相对稳定和演化。

上面两条命题描述了区域品牌建设活动的类别以及区域品牌建设活动对主体社会结构的作用。

结构功能主义认为，每一项活动都可以分解为行动主体、情景、主观意义、规范准则和价值观四个要素。区域品牌属于准公共品，并且涉及众多建设主体。因此，就区域品牌建设活动而言，每一项活动背后，除了品牌建设各主体的动机外，更重要的是要在主体社会结构中嵌入规则、资源、品牌战略目标和方向。品牌战略目标和方向是活动目的和方向的主要决定因素。动机、规则和资源是活动效率和效果的主要决定因素。据此可以提出如下命题，即：

命题 9：区域品牌建设主体社会结构是品牌建设活动的基础，决定品牌建设活动的目的、方向、效率和效果。

可见，该命题描述了区域品牌建设主体社会结构对开展建设活动的基础作用。

3.4 区域品牌发展阶段及影响

随着社会的发展和产业的进步，集群客体的期望会发生变化。与此同时，随着集群的发展，集群自身也会不断发生变化，集群在客体中的感知也会不断发生变化，从而区域品牌形象发生变化。随着集群的发展，集群的已有客体、目标客体、目标客体所在地域也会发生变化。所有这些变化都可能导致区域品牌进入不同发展阶段。

从地域看，区域品牌可能从区域性品牌不断发展到全国性品牌，发展到全球性品牌。从品牌特征看，可能从数量规模型发展到高品质型，进而发展到创新型。从品牌的影响看，可能从具有一定的知名度不断发展到具有一定的美誉度，发展到具有一定的忠诚度。

图 3－1 给出了一个描述产业集群发展阶段与区域品牌发展阶段对应关系模型。

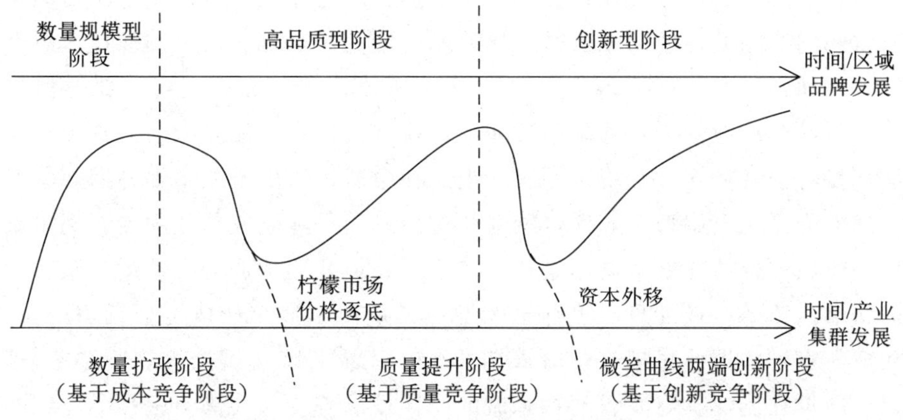

图 3－1　产业集群发展阶段与区域品牌发展阶段对应关系模型

模型描述了产业集群发展阶段、区域品牌发展阶段的一般性规律、集群和品牌发展两者之间的对应关系、各阶段面临的主要问题。

产业集群的发展通常经历三个阶段，分别为数量扩张阶段、质量提升阶段和微笑曲线两端创新阶段[98]。数量扩张阶段的竞争优势主要源于产品或服务的成本和价格。质量提升阶段的竞争优势主要源于产品或服务的质量。微笑曲线两端创新阶段的竞争优势主要源于创新。

在产业集群发展数量扩张阶段的早期和中期，企业数量快速增长，区域品牌建设处于数量规模型阶段。该阶段旨在创建具有一定知名度的区域品牌，从创建区域性品牌不断发展到创建全国性品牌。此阶段的关键是扩大集群规模和提升知名度。品牌建设活动和主体社会结构应能满足扩大集群规模和提升知名度的要求。

在产业集群发展数量扩张阶段的晚期，当企业数量增长到高峰期时，企业间的竞争很可能会引发质量危机。如果产业集群不能度过质量危机期，集群将趋向消亡，企业数量会日益减少。如果集群能够度过质量危机期，则企业数量虽然相对于高峰时有所下降，但产值不会大幅减少，并且在长期内有一个缓慢增长的过程。从产业集群发展数量扩张阶段的晚期到质量提升阶段末期，区域品牌建设处于高品质型阶段。该阶段旨在创建具有一定美誉度的区域品牌，从稳固区域性品牌和全国性品牌试图向全球性品牌发展。此阶段的关键是提升集群产品质量和集群美誉度。品牌建设活动和主体社会结构应能满足提升集群产品质量和美誉度的要求。

到了产业集群发展质量提升阶段末期，因为比较优势的变化，集群需要将利润空间从传统的制造环节转移到微笑曲线两端，需要加强技术研发与品牌创新。如果集群内企业无法进行有效创新，那么集群在新的形势下，依然会趋向消亡。如果集群能够进行有效研发与品牌创新，则集群企业数量将会维持在比较稳定的水平上。在数量扩张期与质量提升期，集群总产值的变化与集群企业数量的变化类似；但是在研发与品牌创新期，虽然企业数量维持在一个比较稳定的水平上，但是因为产业升级到了微笑曲线两端，单个企业的总产出会迅速增加，从而集群总产值也会较快增长。从产业集群发展质量提升阶段末期开始，区域品牌建设处于创新型阶段。该阶段旨在创建具有美誉度和忠诚度的区域品牌，从稳固全国性品牌试图进一步向全球性品牌发展。此阶段的关键是提升集群产品创新、集群美誉度和忠诚度。品牌建设活动和主体社会结构应能满足提升集群产品创新、集群美誉度和忠诚度的要求。

由上可知，区域品牌在不同的发展阶段面临不同的问题，从而对品牌建设活动提出不同的要求，也可能对区域品牌建设主体社会结构提出不同的要求。据此，可以提出下述命题：

命题 10：区域品牌发展不同阶段可能对品牌建设活动提出不同要求。

命题 11：区域品牌发展不同阶段可能对品牌建设主体社会结构提出不同要求。

可见，这 2 个命题描述了区域品牌发展对品牌建设活动和品牌建设主体社会结构的反馈作用。

3.5
区域品牌建设机理价值网模型

3.5.1　区域品牌建设机理价值网模型的构成

综合上述 11 个假设，即可得到如图 3－2 所示的区域品牌建设机理价值网模型。该模型由区域品牌形成路径模型和影响因素模型构成。

（1）区域品牌建设机理形成路径模型

如图 3－2（a）所示，形成路径模型包括 3 大类要素、3 大类要素之间的 2 条路径、2 条路径构成的相互促进相互约束的 2 个闭环。

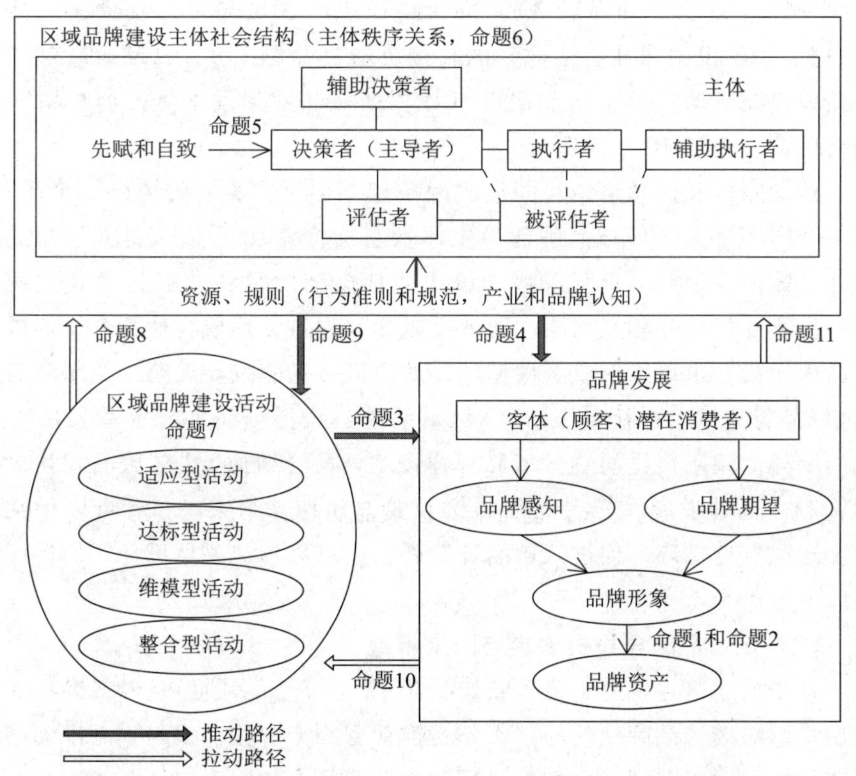

图 3－2　（a）区域品牌建设机理价值网模型：形成路径模型

3大类要素是区域品牌建设主体社会结构、区域品牌建设活动、品牌发展。主体社会结构由角色、角色的地位和对应关系、嵌入的资源和规则（行为准则和规范、产业和品牌认知）、决策者获取方式（先赋和自致）等构成。其中的角色必须有决策者和执行者，还可能有辅助决策者、辅助执行者、评估者和被评估者。品牌发展描述包括区域品牌资产的来源、品牌资产与品牌客体在品牌期望、感知和形象之间的关系以及品牌发展阶段。

3大类要素之间构成区域品牌形成的2条路径。一条始于“区域品牌建设主体社会结构”并终于“品牌发展”的推动路径。另一条始于“品牌发展”而终于“区域品牌建设主体社会结构”的拉动路径。推动路径说明区域品牌的来源，包括具有良好秩序关系的“区域品牌建设主体社会结构”直接促进区域品牌发展（命题4），以及具有良好秩序关系的“区域品牌建设主体社会结构”通过“区域品牌建设活动”间接促进区域品牌发展（命题9和命题3）。拉动路径说明区域品牌的反馈，包括对“区域品牌建设主体社会结构”的直接反馈（命题11），以及通过对“区域品牌建设活动”的直接反馈进而对“区域品牌建设主体社会结构”的间接反馈（命题10和命题8）。

推动路径和拉动路径共同形成两条相互促进、相互约束的2个闭环。第一个闭环是由“区域品牌建设主体社会结构”和“品牌发展”构成的闭环。该闭环说明“区域品牌建设主体社会结构”和“品牌发展”两者之间的相互促进和相互约束。两者可以相互促进，形成良性循环，促进区域品牌发展；也可以形成恶性循环，妨碍区域品牌发展。第二个闭环是由“区域品牌建设主体社会结构”“区域品牌建设活动”和“品牌发展”构成的闭环。该闭环说明“区域品牌建设主体社会结构”“区域品牌建设活动”和“品牌发展”三者之间的相互促进和相互约束。三者可以相互促进，形成良性循环，促进区域品牌发展；也可以形成恶性循环，妨碍区域品牌发展。

（2）区域品牌建设机理影响因素模型

基于上述路径模型，可得到如图3-2（b）所示的影响因素模型。该模型将影响区域品牌建设的因素分为推动型因素和拉动型因素。推动型因素和拉动型因素分别来自推动路径和拉动路径上的因素。

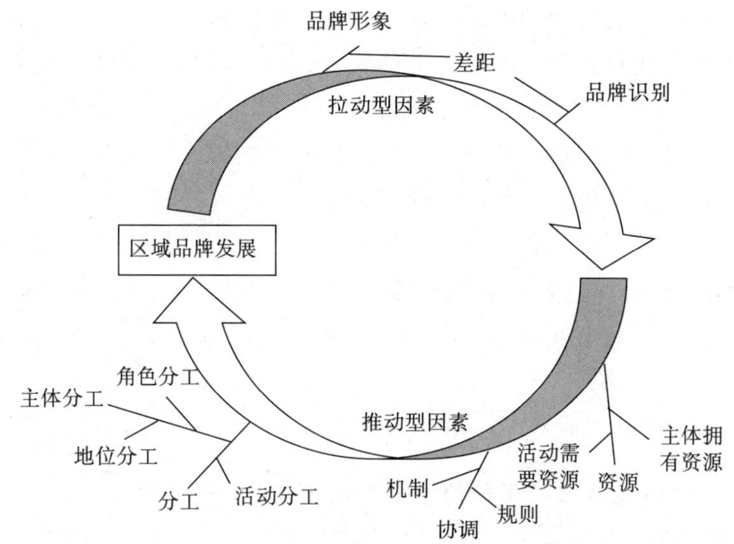

图 3 - 2　（b）区域品牌建设机理价值网模型：影响因素模型

推动型因素包括分工、协调、资源等因素。每个因素又可进一步分解成子因素、孙因素等。分解的层次在于研究层次的需要。例如，分工因素包括主体分工和活动分工。主体分工又可以进一步分解为角色分工、地位分类等。活动分工可以将活动分解为适应型、达标型、维模型、整合型等类别。协调可以分为机制和规则等。机制有决策者获取机制等。规则有行为准则和规范、产业和品牌认知等。资源有主体拥有的资源、活动需要的资源等。分工、协调和资源可以促进区域品牌建设，推动区域品牌发展。

拉动型因素包括区域品牌识别、区域品牌形象、以及这两者之间的差距。区域品牌识别是区域品牌建设主体从战略角度对区域品牌建设提出的目标性要求。该目标性要求可以从战略层拉动区域品牌建设。区域品牌形象是区域品牌建设客体对区域品牌的总体印象，体现客体对区域品牌的期望和感知。客体的期望和感知可以从战术层拉动区域品牌建设。识别和形象之间的差距是主体对区域品牌的长远战略性目标要求与客体对区域品牌的当前总体印象之间的差异，体现了区域品牌建设当前面临的问题和要求。这样的问题和要求可以从运作层面拉动区域品牌建设。

由图 3 - 2（a）所示的推动路径和拉动路径共同形成闭环可得推动型因素和拉动型因素之间的相互关系。拉动型因素是对区域品牌建设从战略、战术和运作层面提出目标和要求，但只有通过推动型因素，才能正真转化为对区域品牌建设的拉动。反之，推动型因素只有满足拉动型因素从不同层面提出的目的和要求后，才能有效推动区域品牌建设。

（3）区域品牌建设机理价值网模型

融合区域品牌建设机理形成路径模型和影响因素模型即可得到区域品牌建设机理价值网模型。价值网模型中的区域品牌形成路径中会嵌入影响因素。拉动路径中嵌入拉动型因素；推动路径中嵌入推动型因素。价值网模型中的路径闭环中会嵌入推动型因素和拉动型因素之间的相互关系。区域品牌建设机理价值网模型是图3-2（a）和图3-2（b）所示的两个模型的融合（由于两个图融合成一个图后不易看清楚，所以没有绘制融合后的图），是对两个模型中的路径和因素的融合，而不是简单的叠加。

3.5.2 区域品牌建设机理价值网模型的特点

基于前述分析，可以总结出区域品牌建设机理价值网模型具有3个显著特点。

（1）通过区域品牌形成路径和影响因素共同揭示区域品牌建设机理

该模型描述了区域品牌建设3个构成要素及要素之间的7条关系形成的路径以及路径上的影响因素。3个要素是区域品牌建设主体社会结构、区域品牌建设活动、品牌发展。7条关系包含了这3个要素之间的相互关系。相互关系形成了这些要素之间的2条路径，2条路径进一步形成相互促进相互约束的2个闭环，每条路径上都有各自的影响因素，并且不同路径上的因素间存在相互作用。这些路径、闭环和因素共同揭示区域品牌建设机理。

（2）能揭示区域品牌资产来源和品牌建设的动态性

模型中的推动路径说明区域品牌资产有两个来源。一是区域品牌建设主体社会结构通过实施品牌建设活动，使客体感知到活动的过程和结果，从而形成品牌资产。二是客体通过感知主体社会结构，从而形成品牌资产。

在品牌资产的创建过程中，区域品牌发展进入不同阶段，进而对品牌建设活动和主体社会结构产生两个方面的影响。一是区域品牌发展对品牌活动提出要求，并通过活动将资源、规则等嵌入主体社会结构，从而改善主体社会结构。二是区域品牌发展对主体社会结构直接提出要求，从而改善主体社会结构。通过这两方面的影响，区域品牌建设机理框架模型能很好地揭示了品牌建设的动态性。

（3）能揭示区域品牌建设的核心和关键

区域品牌发展需要通过客体的感知形成客体形象，进而对集群产品营销和投资等活动形成差异化反应，从而创建品牌资产。由上述区域品牌建设机理的2条路径和2个闭环可以看出，良好客体形象形成的核心是区域品牌建设主体社会结构，主体社会结构的关键是处于主导地位的决策者。可见，区域品牌建设机理模型能很好地揭示该核心和关键。该核心和关键也解决了区域品牌建设面临的如何分工和协作的问题，也可以解决区域品牌的准公共产品特性导致的区域品牌治理问题。

由上述3方面的特点，可以看出，区域品牌建设机理价值网模型能很好地回答区域品牌建设面临的两类核心问题。能回答各主体如何分工；如何协同；为保证分工和协同从而有效建设区域品牌，主体间应维持什么样的关系以及如何维持等治理问题；区域品牌建设的客体、载体、主体和品牌资产（品牌发展阶段）是什么关系，如何互动等问题。通过对这些问题的回答，区域品牌建设3大类要素、3大类要素之间的2条路径、2条路径构成的相互促进、相互约束的2个闭环以及各路径上的影响因素及相互关系共同确定了区域品牌建设机理。

3.6 区域品牌建设机理价值网模型与产品品牌价值链模型的比较

针对产品品牌，著名营销专家凯勒提出了品牌价值链模型，用于描述品牌资产的来源和结果[66]。该模型将品牌创造价值的阶段分为4个：营销项目投资、顾客心智、市场业绩、股东价值。这4个价值创造阶段之间形成了3个增值阶段：营销项目增值阶段、顾客增值阶段和市场增值阶段。

品牌价值链模型是一个用于分析产品品牌资产形成机理的理论模型[66]，并且该模型得到了广泛认同和应用[67,68]。因此，将本书提出的区域品牌建设机理价值网模型与该模型进行比较分析。比较后发现，两个模型存在4方面的显著区别。

（1）品牌价值来源点不同

品牌价值链模型认为品牌价值来源于营销项目投资，只来源于营销活动。区域品牌建设机理价值网模型认为，品牌价值有两方面的来源：一是具有良好秩序的区域品牌建设主体社会结构；二是区域品牌建设活动。营销活动属于区域品牌建设活动中的一类。可见，区域品牌建设机理价值网模型认为，品牌价值来源要远远广于品牌价值链模型。该特点与有关区域品牌和区域品牌建设的下述观点协调一致：区域品牌是“产业集群整体的品牌”；区域品牌建设是整个生产、经营、销售、设计和研发及相关支持产业等所有要素形成的整个集群的品牌化建设[2]。

（2）品牌价值终点不同

区域品牌建设机理价值网模型的品牌价值终点是客体对营销和投资等产业集群内外部活动的差异化反应，属于市场业绩。而品牌价值链模型认为，市场业绩是品牌价值的中间环节，最终价值点经市场业绩通过资本市场体现为股东价值。

（3）品牌价值来源路径不同

品牌价值链模型认为，品牌价值始于营销项目投资，经顾客心智，引起市场业绩，最终体现为股东价值，是一条直线路径，没有旁路。但是，区域品牌建设机理价值网模型中的品牌价值来源有两条路线：一条是从区域品牌建设主体社会结构到品牌发展的路线；另一条是从区域品牌建设主体社会结构到建设活动，再到品牌发展的路线。

（4）品牌价值有无反馈作用的不同

品牌价值链模型认为，品牌价值始于营销项目投资，并且终于股东价值，没有反馈作用。然而，区域品牌建设机理价值网模型认为，品牌价值有反馈作用，具体表现为品牌发展对区域品牌建设主体社会结构、对建设活动的反馈作用。

由上述4方面的显著区别，可以看出，品牌价值链模型是一个直线链式因果模型；而区域品牌建设机理价值网模型是一个具有反馈的网状式因果模型。

上述不同的原因来自于品牌对象的不同。品牌价值链模型针对产品品牌，而区域品牌建设机理价值网模型针对区域品牌。如本书2.1.1部分所述，产品品牌和区域品牌在品牌主体、客体和载体显著不同。这些不同进而引起品牌产权、品牌治理范围、品牌形象、品牌联想和品牌效应的显著不同，从而导致品牌建设机理显著不同。

除了上述显著区别之外，两个模型的相同点有：都认为营销活动是品牌价值的来源；品牌价值能在市场业绩上有表现；包括感知和形象在内的顾客心智在品牌价值的形成过程中起重要作用。

3.7 本章小结

本章基于第 2 章得到的区域品牌建设机理模型提出思路和整合分析框架、以及 4 个前提假设，运用社会嵌入理论、结构功能主义、社会角色理论、基于顾客的品牌资产理论、产业集群发展阶段理论，分析并提出了区域品牌建设机理价值网模型，并将该模型与著名营销专家凯勒提出的得到广泛认同和使用的品牌价值链模型进行了比较。

首先，运用联想网络记忆模型，并借鉴服务质量感知模型，将针对产品品牌的基于顾客的品牌资产理论，从 4 个方面推广到区域品牌，提出了基于客体的品牌资产理论，从而提出了明确区域品牌资产来源的 4 个命题。

其次，运用结构功能主义、社会角色理论、社会嵌入理论，分析并提出了 2 个命题，用于描述区域品牌建设主体之间的分工、协调和治理，以及区域品牌建设决策者主导地位的形成途径。运用结构功能主义，分析并提出了用于描述区域品牌建设活动类别以及区域品牌建设活动与主体社会结构相互关系的 3 个命题。运用产业集群发展阶段理论，分析并提出了 2 个命题，用于描述区域品牌发展对品牌建设活动和品牌建设主体社会结构的反馈作用。

最后，综合上述 11 个前提假设，得到了描述区域品牌建设机理的价值网模型。该模型包括 3 大类要素、3 大类要素拉动和推动区域品牌形成的 2 条路径、2 条路径构成的相互促进与相互约束的 2 个闭环以及各路径上的影响因素及相互关系。该模型通过区域品牌形成路径和影响因素共同揭示区域品牌建设机理。该模型揭示了区域品牌资产来源和品牌建设的动态性；揭示了区域品牌建设的核心和关键；很好地回答了区域品牌建设面临的两类核心问题。

品牌价值链模型是一个直线链式因果模型，而区域品牌建设机理价值网模型是一个具有反馈作用的网状式因果模型。品牌价值链模型针对产品品牌，而区域品牌建设机理价值网模型针对区域品牌。两者因品牌对象的不同而导致显著差异。

第 4 章

区域品牌建设模式构成和构建模型的提出

第 3 章从理论上提出了区域品牌建设机理价值网模型，但是尚未回答如何构建区域品牌的问题。针对该问题，本章将在区域品牌建设机理价值网模型的基础上，提出区域品牌建设模式构成模型和构建模型。其中的构建模型包括构建框架模型和构建过程模型。

4.1 区域品牌建设模式构成要素及构成模型

依据第 3 章提出的区域品牌建设机理价值网模型，区域品牌建设模式的基本构成要素至少包括区域品牌建设理念、区域品牌建设主体和建设活动。本节将在价值网模型的基础上，进一步分析这些要素的子要素之间面临的关系问题，然后提出这些关系问题的解决方法，进而提出区域品牌建设模式构成模型。

4.1.1 基本构成要素内部子要素之间的关系问题

如前所述，区域品牌建设模式的基本构成要素至少包括区域品牌建设理念、区域品牌建设主体和建设活动。

区域品牌建设理念强调品牌识别、品牌形象、品牌意图和品牌资产四者之间的关系；这四者之间的关系将确定区域品牌建设的基本观点。因此，为确定区域品牌建设理念，需要回答这四者之间的关系问题，即需要回答区域品牌如何建设的问题。

区域品牌建设主体需要回答如何分工协作的问题，其核心是回答谁主导以及如何主导区域品牌建设。如何主导主要回答区域品牌建设决策者和执行者之间的关系问题，回答这两个角色是不是归属于一个组织的问题，即区域品牌建设决策者主导方式问题。

由第 1 章的分析可知，区域品牌建设旨在通过差异化竞争赢得品牌附加值，如果区域品牌建设活动没有特色，将难以实现差异化竞争，也难以赢得品牌附加值。因此，对于区域品牌建设活动，需要回答重点做什么和必须做什么的问题，属于活动类别和类别之间的关系问题。本书第 3.3 节从区域品牌建设活动的功能出发，将区域品牌建设活动分为适应、达标、维模和整合等 4 类。该分类回答了区域品牌建设活动与主体社会结构、品牌发展之间的关系，适用于区域品牌建设机理的研究，适用于阐述区域品牌建设机理。但是，这样的分类难以回答重点做什么和必须做什么的问题。因此，需要进一步研究。

4.1.2 战略和战术相结合的区域品牌建设理念

品牌建设理念要求厘清品牌识别、品牌形象、品牌意图和品牌资产四者之间的关系。就产品品牌而言，存在战术型和战略型两种典型的品牌建设理念。战术型注重短期效应，要求及时反应，注重与顾客相接触的外部传播，重视品牌形象。与此相反，战略型更具远见，从战略高度把品牌当作无形资产经营，认为品牌资产是竞争优势和利润的基础。很显然，在品牌识别、品牌形象、品牌意图和品牌资产四者之间的关系方面，战术型强调品牌形象，而战略型更强调品牌资产。

由 2.1 节的分析可知，相对产品品牌，区域品牌建设更具难度，是一项长期的系统工程。因此，从战略和战术两个层面设计区域品牌建设理念。本书结合区域品牌建设特点，并基于第 3 章提出的区域品牌建设机理价值网模型，提出下述战略和战术相结合型区域品牌建设理念：

由区域品牌识别推动，以区域品牌形象创建为中心，以区域品牌资产持续增值为核心，系统主动地建设区域品牌，从而使产业集群持续性获取竞争优势。

该理念凸显了品牌建设理念中四个主要内容之间的关系。“由品牌识别推动”充分体现了品牌识别是区域品牌建设的核心意义所在。“以品牌形象创建为中心”要求区域品牌建设得以体现品牌形象的区域品牌声誉为中心。“以品牌资产持续增值为核心”强调区域品牌建设以体现声誉价值的品牌资产为核心。“从而使产业集群持续性获取竞争优势”说明，使产业集群持续性获取竞争优势是区域品牌建设的目标，是品牌意图。

在战略上，上述理念将品牌当资产，并从战略高度制定包括品牌核心价值和品牌定位在内的品牌识别。在战术上，上述理念强调由品牌识别推动品牌建设活动，从而创建品牌形象；通过持续性创建和维持品牌形象，获得品牌资产并持续增值，从而使产业集群不断获得竞争优势。因此，上述理念具有 3 个特点。

（1）聚焦品牌资产并且战略和战术相结合

品牌形象具有战术性特点，具有短期效应。品牌资产具有战略性特点，是竞争优势和产业长期发展和利润的基础。品牌形象是品牌资产创建过程中的一种手段。因此，该理念从战略高度把区域品牌当无形资产经营，聚焦区域品牌资产；而在战术上聚焦品牌形象。

（2）区域品牌识别是品牌培育的核心推动力而不是销售

从产业集群内部看，只有明确了区域品牌识别，品牌培育才能有的放矢，才能行之有效。从产业集群外部看，品牌识别体现区域品牌与竞争品牌之间的差异，体现了区域品牌对目标客体的承诺。因此，需要由品牌识别推动区域品牌建设，而不是由销售推动。

（3）集群内部区域品牌建设活动和外部传播活动同等重要

品牌建设的本质是对品牌接触点的管理。对于区域品牌，由于存在顾客和潜在投资者等不同类型的客体，品牌接触点分布于内外部，存在多种不同接触点。并且，由图 3－2 可知，各类区域品牌建设活动对品牌资产的创建具有同等重要性。因此，区域品牌建设需要同等对待集群内部区域品牌建设活动和外部传播活动。

4.1.3 区域品牌建设决策者主导方式

由第 3 章有关区域品牌建设主体社会结构的研究可知，主体社会结构的角色包括决策者、辅助决策者、执行者、辅助执行者、评估者和被评估者。决策者制定区域品牌建设的重大决策。执行者具体实施决策者制定的重大决策。决策者确定区域品牌建设方向，是所有角色的核心，是区域品牌建设的主导者。在给定建设方向的基础上，执行者决定了区域品牌建设效果。因此决策者和执行者是区域品牌建设主体社会结构中不可或缺的两类重要角色。

从决策者和执行者是否属于一个组织，区域品牌建设决策者主导方式可分为“决策者直接主导”和“决策者间接主导”两种。对于前者，决策者和执行者同属于一个组织，决策者和执行者之间的分工和协调在同一组织内，不存在组织间的分工和协调。对于后者，决策者和执行者属于不同组织，决策者和执行者之间的分工和协调分散于不同组织。可见，“决策者直接主导”和“决策者间接主导”在分工和协调机制方面将存在显著不同。

产业集群内有可能成为决策者的组织主要有地方政府、园区管委会、行业协会、产业联盟、骨干企业。地方政府和园区管委会既可以按照“决策者直接主导”方式成为直接主导决策者，也可以按照“决策者间接主导”方式成为间接主导者。具体选用哪种类型，需要依据开展的区域品牌建设活动的市场化建设程度以及行政管理方式。建设活动越易于市场化，行政管理越是“小政府大社会”方式，越易于实施“地方政府和园区管委会间接主导”方式。反之，越易于实施“地方政府和园区管委会直接主导”方式。

当决策者是行业协会、产业联盟和骨干企业的情况下，如果实施“间接主导”方式，则还需要其他组织充当执行者。由于行业协会、产业联盟、骨干企业是市场化的行为主体，如果这些主体仅仅作为决策者，将导致这些组织的市场化业务不充分，进而导致这些组织难以持续发展。因此，当决策者是行业协会、产业联盟、和骨干企业的情况下，决策者主导方式应该选取“直接主导”方式，而不是“间接主导”方式。

4.1.4　区域品牌赢得活动和资格活动及与区域品牌发展阶段的关系

根据顾客对企业绩效要求程度的不同，企业绩效可分为“订单赢得要素”和“订单资格要素”两类[99, 100]。订单赢得要素是企业若想得到更好发展，必须比竞争对手做得更为突出的绩效。订单资格要素是企业进入某一领域或在该领域维持生存必须达到的最基本的绩效。除订单赢得要素和订单资格要素之外，Tang 等认为，还存在“订单忽略要素”[101, 102]。订单忽略要素是顾客不重视或可以忽略不予关心的绩效。

区域品牌是实现差异化竞争赢得品牌附加值的综合性无形资源，其关键是获得差异化竞争力。类似于上述企业绩效的分类，本书将区域品牌建设活动分为“区域品牌赢得活动”“区域品牌资格活动”和“区域品牌忽略活动”。区域品牌赢得活动是产业集群若想获得差异化竞争力，必须比竞争对手做得更为有效的活动。区域品牌资格活动是产业集群在其所处产业领域内维持生存必须开展的最基本的活动。区域品牌忽略活动是不影响差异化竞争力的获得和维持，从而可以不予开展的活动。

本书认为，区域品牌是产业集群整体的品牌，区域品牌建设是把整个产业集群作为整体进行品牌化建设，品牌化的对象不仅包括集群的产品，而且包括整个生产、经营、销售、设计和研发及相关支持产业等所有要素形成的整个集群的品牌化。因此，区域品牌建设活动不仅包括创新研发活动、生产技术升级活动、以及营销等三类活动，还应包括产业集群和区域品牌规划活动、产业升级引导活动、招商引资活动、环境培育活动（包括各类机制建设在内的软环境建设活动和硬环境建设活动）等四类活动。前三类活动是依据产业微笑曲线理论，从价值链环节进行的分类，没有包括产业全局性的活动。后四类活动是涉及产业全局性的活动。所有这些活动是不是属于“区域品牌赢得活动”“区域品牌资格活动”和“区域品牌忽略活动”，需要依据区域品牌所处的发展阶段而定。

由图 3－1 可知，区域品牌发展通常历经数量规模型、高品质型和创新型三个阶段。在每个阶段的初期，产业集群处于初创或转型期，此时整个产业集群面临变革，需要全局性确定集群和区域品牌的发展方向，需要培育与发展方向相适应的环境。因此，在区域品牌发展的三个阶段的初期，区域品牌赢得活动通常涉及产业全局性的上述四类活动。

当区域品牌发展的三个阶段处于中后期时，整个产业集群的发展方向已经得到确认，产业集群处于这些阶段的发展和成熟期，产业全局性活动中的“区域品牌规划活动”和“产业升级引导活动”暂时成为“区域品牌忽略活动”；“招商引资活动”和“环境培育活动”通常需要持续进行，可能成为“区域品牌资格活动”；而三类环节性活动中的部分或全部则可能成为“区域品牌赢得活动”。

4.1.5 区域品牌建设模式构成模型

综合本节前述内容，可得如图 4－1 所示的区域品牌建设模式构成模型。该模型认为，区域品牌建设模式由战略和战术相结合的区域品牌建设理念、区域品牌建设决策者主导方式和区域品牌赢得活动和资格活动等三类要素构成。

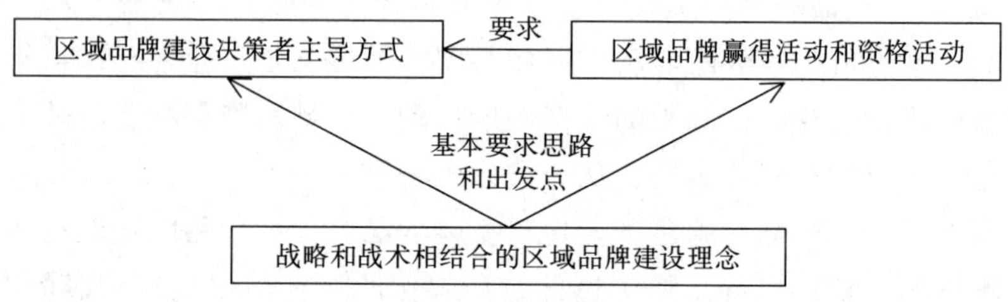

图 4－1 区域品牌建设模式构成模型

战略和战术相结合的区域品牌建设理念回答了品牌识别、品牌形象、品牌意图和品牌资产四者之间的关系问题，对区域品牌建设提出基本思路。具体思路是：由区域品牌识别推动，以区域品牌形象创建为中心，以区域品牌资产持续增值为核心，系统主动地建设区域品牌，从而使产业集群持续性获取竞争优势。

区域品牌建设决策者主导方式回答谁主导以及如何主导区域品牌建设的问题，涉及区域品牌建设主体中的决策者和执行者之间的关系问题。主导方式存在多种可能选择，从而区域品牌建设过程中面临主导方式选择问题。

区域品牌赢得活动和资格活动回答重点做什么和必须做什么的问题。不同的区域品牌发展阶段需要不同的赢得活动和资格活动。区域品牌建设过程中面临这两类活动的选择问题。

区域品牌建设模式构成模型认为，三类要素间存在相互约束相互协调的关系。战略和战术相结合的区域品牌建设理念为决策者主导方式、赢得活动和资格活动的选择提供了基本要求、思路和出发点。决策者主导方式的选择需要考虑赢得活动和资格活动的市场化建设程度和能力资源要求。

4.2 区域品牌识别和形象差距模型

品牌识别属于战略层面，是区域品牌建设的长远目标所在。品牌形象属于战术层面，是区域品牌客体感知和期望得到的区域品牌状况。第 4.1.2 小节提出的区域品牌建设理念要求战略和战术相结合。为满足该要求，本节将提出命名为“区域品牌识别和形象差距模型”的分析工具，用于判定区域品牌建设是否实现了战略和战术的结合，判定区域品牌建设是否满足“由品牌识别推动品牌建设活动，进而创建品牌形象”的品牌建设理念，并通过差距分析辅助判定区域品牌建设面临的现实问题。

许多研究者认为，产品品牌不成功的主要原因是存在品牌识别和形象之间的巨大差异[103, 104]。为保证品牌成功，首要任务是鉴别和测量品牌识别和品牌形象之间的差距，并依据差距采取正确的行动，从而弥补差距。Sustar 和 Sustar[105] 从营销 3P 组合角度研究得出，品牌识别和形象之间的差距来源于营销人员和渠道成员。Nandan[106] 认为，在公司与消费者之间因编码和解码的不同可能会导致沟通差距。基于这些研究，并针对制造商的产品品牌，Roy 和 Banerjee[103] 提出了一个品牌识别和形象差距来源模型。该模型认为存在三类差距，分别是制造商与渠道成员之间、渠道成员与消费者之间以及制造商与消费者之间的差距。然而，未曾发现针对区域品牌的描述品牌识别和形象差距来源的研究。

基于区域品牌建设机理价值网模型和基于客体的品牌资产理论，区域品牌识别系统至少应包括品牌建设主体社会结构、品牌建设活动过程和结果。因此，区域品牌识别和形象差距至少有三方面来源：主体社会结构差距、集群产品和服务差距、品牌建设活动差距（如图 4－2 所示）。

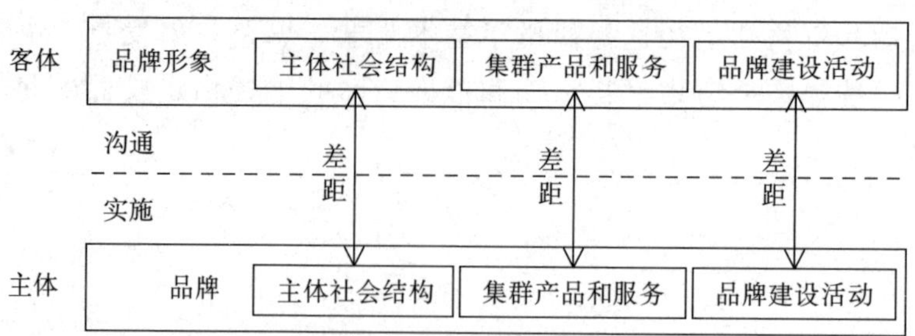

图 4-2 区域品牌识别和形象差距模型

主体社会结构差距描述品牌识别中有关主体社会结构的识别与客体感知到的主体社会结构之间的差距，反映客体感知到的主体社会结构与品牌识别要求的主体社会结构之间存在的问题。集群产品和服务差距描述品牌识别中有关集群产品和服务的识别与客体感知到的集群产品和服务之间的差距，反映客体感知到的集群产品和服务与品牌识别要求的集群产品和服务之间存在的问题。品牌建设活动差距描述品牌识别中有关建设活动的识别与客体感知到的建设活动之间的差距，反映客体感知到的建设活动与品牌识别要求的建设活动之间存在的问题。

上述三类差距又可进一步分为实施差距和沟通差距。实施差距描述依据识别在执行过程中出现的差距。沟通差距描述区域品牌建设主体与客体之间因编码和解码的不同导致的差距。实施差距出现的原因在于区域品牌建设主体本身，而沟通差距可能来自于主体也可能来自于客体，但从本质上还是来自于主体，即来自主体的沟通方式和内容。

4.3 区域品牌建设模式构建框架模型

由 4.1 节提出的区域品牌建设模式构成模型可知，构建区域品牌建设模式将面临区域品牌建设决策者主导方式选择问题、赢得活动选择问题、资格活动选择问题。为解决这些选择问题，本节提出如图 4-3 所示的区域品牌建设模式构建框架模型。

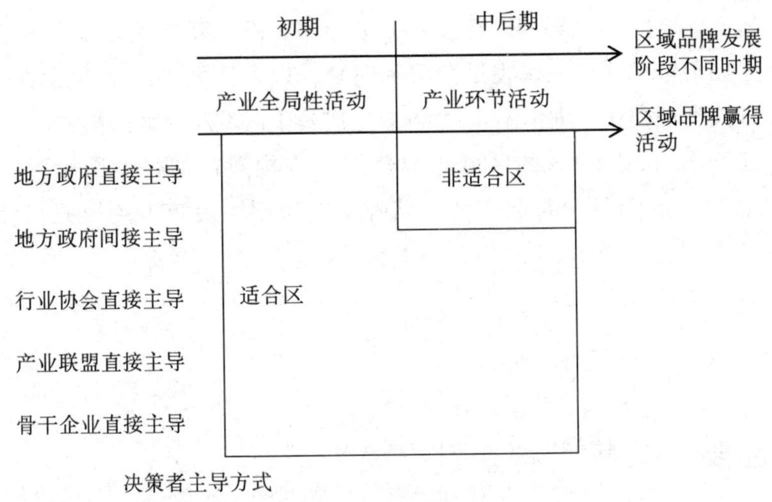

图4-3　区域品牌建设模式构建框架模型

构建框架模型由三个维度构成。第一个维度是区域品牌发展三个阶段的不同时期，分为初期和中后期。第二个维度是区域品牌赢得活动，包括产业全局性四类活动、产业环节三类活动。区域品牌赢得活动是产业集群赢得差异化竞争力的关键。因此，为简单起见，该模型没有将区域品牌资格活动和区域品牌忽略活动包括在内。由4.1.4小节的分析结果可知，第一和第二两个维度具有一定的匹配性，第一个维度中的初期对应第二个维度中的产业全局性四类活动；第一个维度中的中后期对应第二个维度中的产业环节三类活动。第三个维度是决策者主导方式。由4.1.3小节可知，该维度包括地方政府（包括园区管委会在内）直接主导、地方政府间接主导、行业协会直接主导、产业联盟直接主导、骨干企业直接主导等方式。

图4-3描述的区域品牌建设模式构建框架模型依据区域品牌的发展阶段和时期，确定区域品牌赢得活动；依据活动内容是否易于市场化，确定决策者主导方式。由图4-3可知，由三个维度构成的平面分成"适合区"和"非适合区"两个区域。前者表示模型中的三个维度具有匹配性，适合构建区域品牌建设模式。"非适合区"对应的区域品牌赢得活动是产业环节三类活动。市场化手段更易于实施这三类活动，因此，不适合地方政府直接主导。"非适合区"的三个维度欠匹配性，不适合构建区域品牌建设模式。

如果不考虑区域品牌发展阶段和时期以及区域品牌赢得活动，只考虑决策者主导方式，由图4-3可得区域品牌建设五大类型模式：地方政府直接主导型、地方政府间接主导型、行业协会主导型、产业联盟主导型、骨干企业主导型。如果考虑区域品牌发展阶段和时期，以及区域品牌赢得活动，再结合上述五大类型模式，则由图 4－3 可以生成若干区域品牌建设模式。

由上可知，图 4－3 的区域品牌建设模式构建框架模型给出了一个基于区域品牌发展阶段和时期、区域品牌赢得活动和决策者主导方式等三个维度构建区域品牌建设模式的方法工具。

4.4 区域品牌建设模式构建过程模型

上一节提出的区域品牌建设模式构建框架模型能够回答区域品牌建设决策者主导方式选择问题、赢得活动选择问题、资格活动选择问题，但是没有给出构建区域品牌建设模式的过程。为此，基于前述区域品牌建设机理价值网模型、区域品牌建设模式构成模型及构建框架模型，本节提出如图 4－4 所示的区域品牌建设模式构建过程模型。

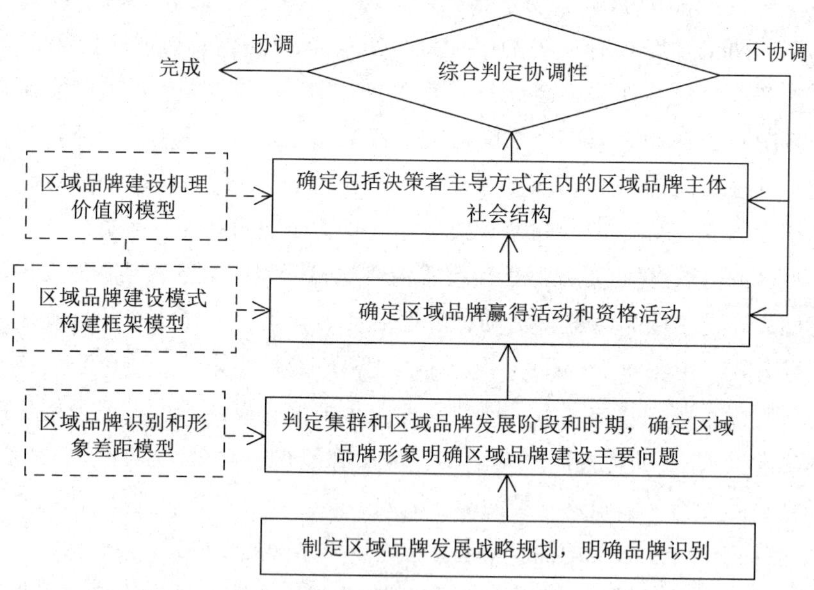

图 4－4 区域品牌建设模式构建过程模型

构建过程模型包括 5 个主要步骤：第一步是制定区域品牌发展战略规划，明确包括区域品牌核心价值和定位等在内的品牌识别；第二步是判定产业集群及区域品牌发展阶段和时期，确定区域品牌形象，明确当前及今后一段时间内面临的主要问题；第三步是确定合适的区域品牌赢得活动和区域品牌资格活动；第四步是确定合适的包括决策者主导方式在内的区域品牌建设主体社会结构；第五步是判定协调性。

(1) 制定区域品牌发展战略规划，明确包括区域品牌核心价值和定位等在内的品牌识别

在 4.1.2 小节制定的战略和战术相结合的区域品牌建设理念的指导下，制定区域品牌发展战略规划，其中包括区域品牌核心价值的提炼，确定目标市场、区域品牌和竞争对手的差异性、差异性对目标市场的价值、向目标市场展示或沟通差异的能力，从而确定区域品牌的定位，确定区域品牌识别。

(2) 判定产业集群及区域品牌发展阶段和时期，确定区域品牌形象，明确当前及今后一段时间内区域品牌建设面临的主要问题

运用第 3.4 节提出的产业集群发展阶段与区域品牌发展阶段对应关系，调研产业集群的发展特性和区域品牌建设现状，确定产业集群及区域品牌发展阶段和时期，并获得当前的区域品牌形象。运用第 4.2 节提出的区域品牌识别和形象差距模型，比较得到区域品牌识别和品牌形象之间的差距，进一步分析得到当前及今后一段时间内区域品牌建设面临的主要问题。

(3) 确定合适的区域品牌赢得活动和区域品牌资格活动

基于第二步确定的产业集群及区域品牌发展阶段和时期，运用图 4-3 所示的区域品牌建设模式构建框架模型中的第一维度与第二维度间的匹配性，确定区域品牌赢得活动。在第一步制定的区域品牌发展战略规划的指引下，针对第二步确定的区域品牌建设面临的主要问题，进一步具体化区域品牌赢得活动，也可以参考《工业和信息化部关于开展区域品牌培育试点示范工作的通知》中确定的七类活动，确定与区域品牌赢得活动相适应相协调匹配的区域品牌资格活动。

(4) 确定合适的包括决策者主导方式在内的区域品牌建设主体社会结构

基于第三步确定的区域品牌赢得活动，运用图 4-3 所示的区域品牌

建设模式构建框架模型，确定备选的决策者主导方式。进一步依据产业集群内各组织的资源和区域品牌建设意愿，参照第3章图3-2所示的区域品牌建设机理价值网模型中的区域品牌建设主体社会结构内容，确定充当决策者、辅助决策者、执行者、辅助执行者、评估者和被评估者等各类角色，确定决策者的先赋途径和方式，确定各类角色的资源要求，确定需要嵌入主体社会结构的规则，以及嵌入的方式及途径。

（5）综合判定协调性

运用图3-2所示的区域品牌建设机理价值网模型，综合判定区域品牌建设各类活动、主体社会结构、品牌发展之间的协调性。

判定内容有三方面：一是判定各类活动与产业集群发展及区域品牌建设阶段和时期的协调性，其中的核心是判定各类活动与区域品牌核心价值、定位和识别的协调性；二是判定各类活动和区域品牌建设主体社会结构之间的协调性，其中的核心是判定主体社会结构是否具有执行各类活动的资源，判定主体社会结构内已经嵌入的规则能否促进和保证各类活动的开展，以及各类活动能否进一步促进资源和规则的嵌入或强化；三是判定主体社会结构与产业集群发展及区域品牌建设阶段和时期的协调性，其中的核心是判定各类活动与区域品牌核心价值、定位和识别的协调性。

依据协调性判定结果，修改完善区域品牌建设活动与主体社会结构，最终得到经过协调性判定的具体的区域品牌建设模式。

图4-4描述了区域品牌建设模式构建过程模型，包括构建区域品牌建设模式的步骤以及每个步骤的主要内容、可以使用的方法（工具）。

由上述每个阶段的解释，可以看出图4-4描述的区域品牌建设模式构建过程模型具有下面两个特点：

一是具有理论依据。该过程模型基于图3-2描述的区域品牌建设机理价值网模型。由第3章可知，此机理模型是运用社会嵌入理论、结构功能主义、社会角色理论和品牌资产理论提出的，具有一定的理论依据。因此，可以认为，图4-4描述的区域品牌建设模式构建过程模型同样具有一定的理论依据。

二是具有集成性。该过程模型集成了前文研究提出的战略和战术相结合的区域品牌建设理念、产业集群发展阶段与区域品牌发展阶段对应关系、区域品牌识别和形象差距模型、区域品牌建设模式构建框架模型。因此，具有集成性特点。

4.5 本章小结

在第 3 章提出的区域品牌建设机理价值网模型的基础上，本章针对如何构建区域品牌的问题，提出了区域品牌建设模式构成模型和构建模型。其中的构建模型包括构建框架模型和构建过程模型。

区域品牌建设模式构成模型认为，区域品牌建设模式由战略和战术相结合的区域品牌建设理念、区域品牌建设决策者主导方式、区域品牌赢得活动和资格活动等三类要素构成。战略和战术相结合的区域品牌建设理念回答了品牌识别、品牌形象、品牌意图和品牌资产四者之间的关系问题，对区域品牌建设提出基本思路。区域品牌建设决策者主导方式回答谁主导以及如何主导区域品牌建设的问题，涉及区域品牌建设主体中的决策者和执行者之间的关系问题。区域品牌赢得活动和资格活动回答重点做什么和必须做什么的问题。区域品牌建设模式构成模型同时认为，三类要素间存在相互约束相互协调的关系，具体体现为战略和战术相结合的区域品牌建设理念为决策者主导方式、赢得活动和资格活动的选择提供基本要求、思路和出发点；决策者主导方式的选择需要考虑赢得活动和资格活动的市场化建设程度和资源要求。

为满足区域品牌建设理念对战略和战术相结合的要求，提出了命名为“区域品牌识别和形象差距模型”的分析工具，用于判定区域品牌建设是否实现了战略和战术的结合，判定区域品牌建设是否满足“由品牌识别推动品牌建设活动，进而创建品牌形象”的品牌建设理念，并通过差距分析辅助判定区域品牌建设面临的实际问题。

区域品牌建设模式构建框架模型是一个基于区域品牌发展阶段和时期、区域品牌赢得活动和决策者主导方式等三个维度构建区域品牌建设模式的方法工具。

区域品牌建设模式构建过程模型描述构建区域品牌建设模式的 5 个主要步骤，描述每个步骤的主要内容、可以使用的方法工具。该过程模型具有理论依据和集成性特点，集成了本书提出的战略和战术相结合的区域品牌建设理念、产业集群发展阶段与区域品牌发展阶段对应关系、区域品牌识别和形象差距模型、区域品牌建设模式构建框架模型。

第 5 章

实证研究方法设计

本书第 2 章至第 4 章提出了区域品牌建设机理价值网模型、品牌建设模式构成和构建模型。这些模型的提出运用了社会嵌入理论、结构功能主义、社会角色理论、品牌资产理论，采用从一般抽象到具体、从上到下的演绎推理方式，能够满足科学理论构造的演绎性要求。为了遵循著名社会学家布劳提出的构造科学理论的演绎性和证伪性的两条方法论原则。本书从第 5 章开始进行实证研究，试图从具体到一般，从下到上，通过归纳方法，验证提出的理论模型。为此，本章将对实证研究方法进行设计。

5.1 实证方法选择

5.1.1　实证研究特点

本书实证研究以中国工业产业集群为情境，探讨产业集群如何建设区域品牌。研究问题包括区域品牌建设各主体如何分工、如何协作，主体间如何治理；区域品牌建设的客体、载体、主体和品牌发展之间是什么关系，如何互动。这些问题属于“怎么样”和“为什么”的问题。

本书实证研究旨在验证区域品牌建设机理价值网模型、品牌建设模式构成和构建模型。由于品牌建设模式构成模型是构建模型的基础，并且都是从区域品牌建设机理模型衍生得到，所以重点在于验证区域品牌建设模式构成模型和区域品牌建设机理价值网模型。由1.4节关于区域品牌建设模式的研究概述可知，未曾发现专门研究区域品牌建设模式构成的文献。由1.3节关于区域品牌建设机理的研究概述可知，虽然现有文献对区域品牌建设机理有一些研究，但欠缺整合性的研究即缺乏将不同理论融入同一个理论框架的研究。因此本书的实证研究属于探索性研究。

如前所述，本书的实证研究属于证伪性。对于区域品牌建设模式构成模型，可以采用某一阶段的数据加以验证，也可以采用多阶段的数据加以验证。对于区域品牌建设机理，则必须采用多阶段的数据加以验证。对于采用多阶段数据的验证，需要聚焦于区域品牌建设的实际过程，需要从过程角度予以深入剖析，采用自下而上的方式，从具体细节通过分析性归纳，得到区域品牌建设模式构成模型的演化，得到抽象的具有解释性的机理模型。

总之，本书的实证研究是针对“怎么样”和“为什么”的问题，需要运用分析性归纳，进行探索性实证研究。

5.1.2 多案例研究的适用性

基于上述实证研究特点，本书选取多案例研究方法，具体理由如下。

首先，案例研究属于经验性研究，能很好地解释“怎么样”和“为什么”的问题[107]，从而有利于清晰展现区域品牌建设模式的构成和演化，有利于清晰展现产业集群建设区域品牌的机理和全过程。

其次，案例研究属于探索性研究[108, 109]，有助于从区域品牌建设的多个层面和角度进行集中分析，进而有利于笔者做整合性研究，从而能够实证将社会嵌入理论、结构功能主义、社会角色理论和品牌资产理论等不同理论融为一体的理论框架。

再次，案例研究属于分析性归纳研究，不是统计性归纳研究[108, 109]，有助于聚焦区域品牌建设的实际过程，从过程角度、从具体细节，自下而上进行深入剖析，通过分析性归纳，实证区域品牌建设模式的构成和演化，实证抽象的具有解释性的区域品牌建设机理模型。

总之，多案例通过对比方式研究不同产业集群的区域品牌建设模式和机理，可以更好地识别区域品牌建设中存在的因果关系，从而增加研究的有效性。

5.2 案例总体

为落实《工业转型升级规划》，加强区域品牌建设，工业和信息化部从 2014 年开始组织开展了区域品牌建设试点示范工作。至 2018 年底，共确定了 4 批区域品牌建设试点产业集群。

第 1 批共 22 个，涉及数字显示、锂电池、羊绒、轴承、医药、换热器、森林食品、文化创意、秋冬装、香醋、工程电气、皮革时装、机床工具、领带、汽车、专用汽车、灯饰、玩具、光电通讯、时尚产业（含内衣、服装、黄金珠宝、钟表等产业）、油气装备、清真食品和用品等产业。分布在北京、天津、河北、辽宁、吉林、黑龙江、上海、江苏、浙江、湖北、广东、四川和宁夏等地。

第 2 批共 15 个，涉及软件与信息、食品、数控成形机床、家纺、服装、汽摩配、工程机械、制冷、生物、小家电、陶瓷、泡菜和白酒等产业。分布在北京、河北、江苏、浙江、山东、河南、湖北、广东、四川等地。

第 3 批共 38 个，涉及循环经济、电线电缆、食品、皮革、木制品、切削工具、电梯、传感器、物联网、精细化工、椅业、童装、木材加工、铜及铜合金循环利用、变电设备、毛衫、新型纺织、机床、汽车、白酒、锅炉压力容器、数控机电装备、陶瓷、湘绣、花炮、家居、公共安全与应急材料、牛仔服装、互联网、电声、钒钛、橡胶、轨道交通装备、模具、节水等产业。分布在天津、河北、吉林、江苏、浙江、安徽、江西、山东、河南、湖北、湖南、广东、广西、四川和新疆等地。

第 4 批共 34 个，涉及生物医药、童车、轨道交通装备、轴承、汽保设备、服饰、服装、袜业、道路照明、智能装备、安全、水暖厨卫、金属家具、箱包皮具、工业陶瓷、农机、食品、电磁装备、汽车、电子信息、软件和信息、文具、电力装备、眼镜等产业。分布在河北、辽宁、吉林、江苏、福建、江西、山东、河南、湖北、湖南、广东、四川、贵州等地。

全部 4 批试点产业集群共 109 个，产业分布广，地域主要分布于中东部经济发达地区，这与我国经济发展和产业集群分布状况相吻合，具有产业和地域代表性。这 109 个试点产业集群是依据试点应达到的条件，由各级地方经信系统遴选推荐申报，再经工业和信息化部组织专家对申报材料进行评审得出的。因此，就区域品牌建设水平而言，这些试点集群具有代表性。基于此，本书选取这些集群作为研究总体。

5.3 区域品牌建设模式现状实证方法

在 109 个全部试点产业集群中，已经有 6 个经过试点，并经考核成为全国示范区域品牌建设集群。这 6 个示范集群是深圳内衣、随州专用汽车、古镇灯饰、四平换热器、温岭机床工具、清溪光电通讯。从产业、地域和区域品牌建设特点等方面，这 6 个示范集群都具有典型性。但是，从产业发展阶段看，温岭机床、深圳内衣、随州专用汽车以及清溪光电通讯都属于创新发展阶段，缺乏产业变革阶段的集群，而澄海玩具正好处于产业变革阶段。此外，古镇灯饰在后续演化和机理实证研究中也被选为样本。基于上述原因，为了通过实证研究区域品牌建设模式现状，从而验证区域品牌建设模式构成模型，主要选取这 6 家示范集群为样本，但删除温岭机床工具、古镇灯饰，添加澄海玩具。

对区域品牌建设模式现状的实证研究，基于下述原因仅采用二手资料。二手资料来源于样本区域品牌工业和信息化部试点申报材料、示范申报材料以及试点示范年度总结材料。这些二手资料反映区域品牌建设单位的材料整理和撰写人员以及材料批准人员对区域品牌建设的观点。这些人员仅是区域品牌建设主体的一部分，但是对区域品牌建设具有重要作用。单独分析这些二手资料，不但能够得到区域品牌建设模式现状，而且能够挖掘出这些人员对区域品牌建设的理解，具有重要意义。

数据分析采用案例分析和案例间比较分析两种方法。

5.4 区域品牌建设模式演化和机理实证方法

5.4.1　样本

为确保样本的代表性，本书采取两阶段方式抽样。

首先，为确保所抽样本在区域品牌建设模式中的代表性，首先对 109 家试点集群进行分类，然后按类别进行整群抽样。通过对 109 家试点产业集群的申报材料和年度总结材料的研判分析，从各个区域品牌建设活动的特点和主体社会结构的特点，总结得到了如表 5－1 所示的 21 种典型模式。这 21 种模式依主体社会结构可分为行业协会主导型、地方政府间接主导型、地方政府直接主导型、产业联盟主导型、管委会间接主导型等 5 种类型。其中行业协会主导型和地方政府间接主导型占比最多，因此对这两类进一步抽样。

表 5－1　区域品牌建设典型模式汇总

序号	产业集群	典型模式	模式类别
1	深圳内衣	打造创新完整链提供持续创新驱动力的行业协会主导型模式	行业协会主导型
2	深圳钟表	公共服务体系齐全治理规范的行业协会主导型	
3	镇江香醋	做强龙头企业创新产业生态的行业协会主导型	
4	瓦房店轴承	龙头企业哑铃化做强中小企业专精特新化协调分工的行业协会主导型	
5	温岭机床	以人才培养为核心的行业协会主导型	

续表

序号	产业集群	典型模式	模式类别
6	古镇灯饰	强化创新设计环境和整合营销的地方政府间接主导型	地方政府间接主导型
7	随州专汽	搭建全产业链共享服务平台的地方政府间接主导型	
8	绿色伊春	各部门分工协作全方位指导的地方政府间接主导型	
9	天河互联网	打造支撑服务体系和完整产业生态的地方政府间接主导型	
10	织里童装	打造产业生态形成三级联动互促区域品牌体系的地方政府间接主导型	
11	清溪光电通讯	创建科技创新体系和创业体系的地方政府间接主导型	
12	即墨纺织服装服饰	人才技术、品牌文化和生态思维创新政府服务三位一体区域品牌支撑体系的地方政府间接主导型	
13	通州家纺	互联网＋创新营销环境建设的地方政府间接主导型	
14	澄海玩具	顺应产业发展趋势跨界合作创新的地方政府直接主导型	地方政府直接主导型
15	定兴食品	顺应区域发展趋势定位并打造主导产业的地方政府直接主导型	
16	四平换热器	创新品牌共享机制避免价格逐底的产业联盟主导型	产业联盟主导型
17	德州陵城新型纺织材料	龙头企业为区域品牌产权单位集群生态发展的骨干企业主导型	骨干企业主导型
18	海宁时尚产业	营造良好环境促进产业与城市互动发展的管委会间接主导型	管委会间接主导型
19	吴忠清真	区域和企业品牌培育同步增强的管委会间接主导型	
20	滨海高新区新能源	多元投资三级孵化三层服务的管委会间接主导型	
21	辛集皮革制衣	营造良好环境提升质量的管委会间接主导型	

在第一步抽样的基础上，第二阶段采取理论抽样方式，从行业协会主导型和地方政府间接主导型中，依据下述4项标准，选取深圳钟表作为行业协会主导型样本，选取古镇灯饰为地方政府间接主导型样本。这4项标准是，集群的产量和销售量占全国及全球的比重高，产业链完整度高，行业协会认可度高。

2017年，我国手表产量占全球的80%，深圳手表产量占全球的42%，占全国的60%，出口额占全国的53%。深圳钟表产业集群是“国家外贸转型升级专业型示范基地”“中国钟表之都”“全国区域品牌建设时尚产业（钟表）试点”“全国钟表产业知名品牌创建示范区”。

2015 年，古镇灯饰总产值 176.6 亿元，灯饰销量占国内灯饰市场 70% 以上；灯饰产品出口总额 3.7 亿美元，出口到 130 多个国家和地区。古镇灯饰产业集群是“中国灯饰之都”“第一批产业集群升级示范区”“国家火炬计划特色产业基地”“国家新型工业化产业示范基地”“国家新型工业化产业示范基地”“国家外贸转型升级专业型示范基地”“市场采购贸易方式试点区”。

5.4.2　数据搜集方法

5.4.2.1　数据类型和来源

为了对深圳钟表和古镇灯饰区域品牌建设机理的动态性细节分析和理论研究提供丰富的数据，并提升研究的信度和效度，本研究采用一手资料和二手资料相结合的资料搜集方法。

一手资料来源于两个途径：一是对两个产业集群相应的行业协会、典型企业、公共服务平台、主管部门等机构的访谈；二是对两个产业集群内典型企业及门店的现场观察和体验，以及非正式交流。

二手资料来源于四个方面：一是深圳钟表和古镇灯饰两个区域品牌工业和信息化部试点申报材料、示范申报材料以及试点示范年度总结材料；二是调研过程中两个产业集群内行业协会、典型企业、公共服务平台、主管部门等机构提供的文档资料；三是在线访问两个产业集群内行业协会、典型企业、公共服务平台、主管部门等机构官网，将相关信息进行整理，保留与产业发展和区域品牌发展的相关内容；四是在线搜集涉及两个产业集群的相关行业信息，并对相关信息进行梳理，保留与产业发展和区域品牌发展的内容。

5.4.2.2　数据搜集过程

数据搜集分四个阶段进行。

第一阶段主要搜集二手资料，包括搜集两个样本的试点和示范申报资料以及试点示范年度总结材料，在线访问和在线搜集资料。

第二阶段主要采用开放式、有轻度指导的深度访谈，辅助直接的实地观察和体验以及非正式交流，获得一手资料，并索要相关文档资料，获得二手资料。深度访谈中的非指导性访谈问题主要有：区域品牌建设阶段；

主要建设工作内容、意图和效果；建设过程中面临的主要困难和解决方法；建设主体和角色；角色间的协调、配合和互动。该阶段主要意图是尽量广泛并深度发掘与区域品牌发展有关的资料。

第三阶段主要采用焦点访谈法，针对第二阶段重要的问题进行调研，同时配合实地观察和非正式交流，补充遗漏的数据。在这一阶段，将第2至4章提出的模型作为理论预设，通过在数据和理论预设反复分析、整理，不断积累证据，并不断添加到框架中。

第四阶段主要采用三角检定法检视资料自身存在的偏差和矛盾等，如一手资料与二手资料的误差，不同途径资料之间的误差等，进而进行追踪访谈，从而解决疑问。访谈主要采用电话访谈、微信访谈和电子邮件等方式。

5.4.3 数据分析方法

为了更好地分析深圳钟表和古镇灯饰的区域品牌建设机理，品牌建设模式与品牌发展阶段之间的互动，本研究采取案例内分析和案列间比较分析两种方法进行数据分析。

案例内分析过程包括数据缩减与数据陈列、下结论和验证等3个阶段。通过数据缩减与数据陈列分别对深圳钟表和古镇灯饰区域品牌进行案例内分析。根据搜集到的数据资料和理论预设，按照确定的编码方案对区域品牌建设主体社会结构、建设活动、品牌发展阶段等进行归档编码。在不断编码的过程中，对各个变量进行归纳总结，识别变量间的相互关系，得出区域品牌建设主体社会结构、建设活动、品牌发展阶段之间的作用机理、区域品牌建设模式并进行验证。

对深圳钟表和古镇灯饰区域品牌的案例内分析过程中，发现区域品牌发展的不同阶段，机理和模式存在局部差异，并且发现不同案例间的机理和模式也存在差异，因此有必要进行案例间的比较。通过案例间比较，进一步发现案例内的相似性和案例间的差异性。最后，通过案例内分析和案例间比较结果，检验并完善区域品牌建设机理和建设模式。

5.4.4 信度和效度的保证方法

基于案例研究设计与方法要求[107-109]，本书从案例研究程序的设计、资料搜集和数据分析等各个环节注重信度和效度的提升。

5.4.4.1　资料搜集阶段的信效度保证方法

依据文献[107－109]，本书主要采用发展案例研究资料库和三角检定法，提升资料搜集信度。首先，本书依据前述 4 个阶段的资料搜集过程，不断积累、完善案例研究资料，并依据品牌发展阶段、品牌建设主体、建设活动等要素，将资料进行表格化、类型化，建立案例资料索引，形成案例研究资料库。其次，作者在对深圳钟表和古镇灯饰两个产业集群中的不同主体进行调研访谈时，使用三角检定法对数据进行三角互证，检视案例集群调研情况的真实性和可信性。该方法的应用有助于揭示基于研究需要而形成的偏差和失误。

基于文献[107－109]，本书主要使用多重证据来源，并通过证据链，保持证据之间的逻辑关系等方法提高效度。为保证证据来源的多重性，如前所述，本项目采用包括深度访谈、焦点访谈、跟踪访谈、现场观察和体验、非正式交流等手段搜集一手资料，采用包括搜集试点示范申报材料、试点示范年度总结材料、各主体直接提供的文档资料、线上资料等手段搜集二手资料，使得多重证据来源收敛于研究结论。

在资料搜集和分析的过程中，如果遇到不完整的证据链，则根据情况进行追问从而进行资料的深度挖掘，以便形成完整的证据链，确保研究效度的提升。

5.4.4.2　资料分析阶段的信效度保证方法

通过下面 2 种方式保证资料分析阶段的信度。在对其他类型资料转化成文本资料，以及对文本资料的整理过程中，发现信息不清楚的问题时，及时向被调研集群进行追踪访谈。对理解不一致的资料进行小组讨论，通过反复听录音、咨询或进一步调研相关集群等方式形成一致解释。

通过下面 2 种方式保证资料分析阶段的效度。通过分组方式分析资料，然后比较对照两组的分析结果，并就不一致结果进行分析讨论，直到取得一致结论。请关键知情者审阅分析的各个阶段性成果，并且关键知情者提供的信息受到了重视并纳入后续分析过程中。

5.5 本章小结

本章在分析了实证研究特点后，选取多案例研究为实证研究方法，并论证了该方法的适用性。在此基础上，选取工业和信息化部 2014—2018 年确定的 109 家区域品牌建设试点产业集群为案例总体。

为了通过实证研究区域品牌建设模式现状，验证区域品牌建设模式构成模型，选取深圳内衣、随州专用汽车、四平换热器、清溪光电通讯和澄海玩具这 5 个典型产业集群作为样本，依据各集群试点申报材料、示范申报材料、以及试点示范年度总结材料等二手资料，确定区域品牌建设模式现状实证研究方法。

选取深圳钟表和古镇灯饰 2 个典型产业集群作为样本，通过实证区域品牌建设模式演化和机理，验证区域品牌建设模式构成和建设机理模型，并从提升研究的信度和效度出发，分析提出了数据收集方法和数据分析方法。

第 6 章

区域品牌建设模式案例研究

基于第 5 章所选样本，本章将对深圳内衣、四平换热器、清溪光电通讯、随州专用汽车和澄海玩具 5 个样本，分析这些样本的区域品牌建设模式，通过验证区域品牌建设模式构成模型。

如第 1 章所述，区域品牌建设模式属于区域品牌管理模式的范畴；管理模式主要由管理行为体系结构构成。因此，本章将从区域品牌建设活动入手，分析区域品牌建设模式现状。

6.1 打造创新完整链提供持续创新驱动力的行业协会主导型模式

行业协会主导型模式以深圳内衣产业集群为典型。本节将在阐述深圳内衣区域品牌建设现状的基础上，从区域品牌建设活动入手，分析深圳内衣产业集群当前的区域品牌建设模式。

6.1.1 深圳内衣区域品牌建设现状

深圳内衣产业是深圳市人民政府积极扶持的九大优势传统产业之一，也是深圳时尚产业的重要组成。目前，深圳有内衣企业近400家，年产各类内衣近8亿件，产值接近400亿元，出口20多亿美元。

深圳内衣拥有安莉芳、曼妮芬等行业领军型品牌企业；还有黛丽斯、维珍妮、新兴、新永胜等领军型的OEM企业；还有芬怡、伊丝艾拉、茜施尔、雪仙丽、迪芬娜、芬怡、夏娃的诱惑、布迪设计、诱惑密码等一大批成长型的内衣品牌企业。

深圳内衣产业已经形成了从设计到制造，再到销售以及从布料、辅料到相关构件的完整产业链。周边配套完善，一小时商圈内可以方便地实现各种原材料的采购及物流配送。200多家规模以上内衣企业的大半数集中在深圳光明新区公明辖区，集聚优势明显。

总之，深圳已成为我国内衣行业品牌集聚优势最为明显，产业集中度最高，产业配套最为完善的地区。国内市场逐步形成了中高端内衣看深圳的良好口碑。深圳内衣产业集群具备了强大的内衣生产能力和较为完善的产业体系，而且逐步由最初的OEM，向ODM和OBM提升，由深圳加工向深圳制造、深圳创造提升，产业正处于创新型发展阶段。深圳内衣是工业和信息化部区域品牌建设试点和示范单位。

6.1.2 深圳内衣区域品牌建设模式分析

与世界领先的内衣产业和区域品牌相比，深圳内衣在创新研发和产品设计等环节仍有差距。只有补强弱项，才能在国际竞争中占有一席之地，才能实现领舞中国，舞动世界的梦想。为此，深圳市内衣行业协会以“深圳内衣，领舞中国”区域品牌核心价值为中心，牵头打造围绕微笑曲线设计端的行业“4+1”创新工程。

创新工程中的“4”是指中国国际内衣创意设计大赛、“安莉芳杯”中国国际居家衣饰原创设计大赛、深圳市尚源内衣创客空间、深圳市心衣内衣创新研发中心。“1”是指深圳衣合联盟内衣产业基金有限公司。该公司成立于2015年9月，注册资本1亿元人民币，由广东衣合联盟服饰股份有限公司全资设立，主要负责管理深圳内衣产业基金。“4+1”创新工程由深圳市内衣行业协会牵头打造，得到了深圳市经贸信息委等多个部门的扶持和推动，是深圳内衣区域品牌创建活动的重要组成部分。可见，深圳市内衣行业协会是深圳内衣区域品牌建设的主导者。

处于创新型发展阶段的深圳内衣区域品牌，人才是创新的基础，是实现“深圳内衣，领舞中国”区域品牌核心价值的基础。广泛发掘和利用好设计人才更是深圳内衣区域品牌培育的关键性基础。为此，“4 +1”创新工程通过中国国际内衣创意设计大赛和“安莉芳杯”中国国际居家衣饰原创设计大赛，发掘人才，并且通过搭建扶持和服务平台，吸引更多人才扎根深圳内衣产业，从而通过良好职业环境留住人才。该工程以激发创新热情、发掘创意人才、整合优质设计资源、提升行业设计水平、培育孵化潜力品牌、促进产业转型升级为核心理念，带动内衣业设计研发能力的提升，为内衣品牌的创新发展提供平台支持与服务，以改变目前中国内衣行业产品研发的局面，缩短与国际先进品牌的差距。同时，积极响应国家“大众创业，万众创新”的号召，营造内衣业自主创新、创业的氛围，降低创业门槛，帮助高端人才缩短创业时间、少走弯路，吸引、帮助更多的优秀人才到内衣行业创新、创业。

处于创新型发展阶段的深圳内衣区域品牌，平台是创新的关键，是实现“深圳内衣，领舞中国”区域品牌核心价值的关键。“4 +1”创新工程打造了尚源内衣创客空间这一行业创业孵化平台。该平台采取三结合方式打造创业生态体系，采取创新与创业相结合、线上与线下相结合、孵化与投资相结合的方式，为广大创新创业者构建低成本、便利化、全要素、开放式的创业生态体系。同时激发创客们的创新创业热情，提升创新、创业能力，孵化、培育一批自主创业实体，从而提升产业集群的根植性，以点带面推进内衣产业的快速发展。

“4 +1”创新工程还打造了深圳市内衣创新研发中心这一行业新技术平台。该平台专注于行业新技术的研发、引进、推广和应用，开展内衣、居家服饰以及相关产品的开发设计，从而通过市场化运作整合行业设计师资源。

“4 +1”创新工程通过尚源内衣创客空间和深圳市内衣创新研发中心，为行业提供原创设计新款和设计服务，提升行业整体技术水平和创意设计能力，并且为设计人才和技术人才提供一个完善的创新和创业平台，让他们低成本或零成本实现创业梦。

处于创新型发展阶段的深圳内衣区域品牌，基金是创新的推手，是实现“深圳内衣，领舞中国”区域品牌核心价值的推手。深圳内衣产业基金从创新成果转化、创新品牌孵化、创新平台扶持等三方面对接上述行业创业孵化平台，为创新研发项目、创新企业、创新品牌提供资金支持，同时投资内衣产业上下游成熟良性发展的优质企业，开启内衣产业风险投资先河。

上述“4+1”创新工程形成了深圳内衣区域品牌建设的创新完整链(如图6-1所示)。以实现“深圳内衣，领舞中国”区域品牌核心价值为中心，对于处于创新竞争阶段的深圳内衣产业集群，针对微笑曲线设计端，通过两个大赛的人才发掘机制、两个平台的成果转化机制，再加上基金的推动，构成了创新驱动的完整链条，为深圳内衣区域品牌培育提供了源源不断的创新驱动力。创新驱动的完整链条把人才、平台、资金三个要素衔接起来，使其成为有机创新链条，从而整合优质设计资源，提升行业设计水平，培育孵化潜力品牌，源源不断的创新驱动力持续不断地促进区域品牌发展。

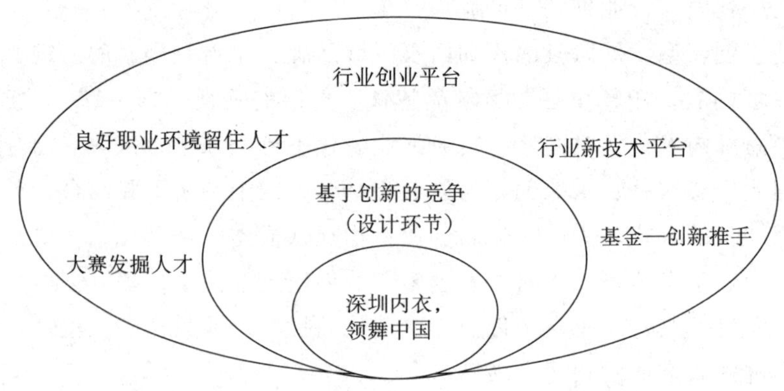

图6-1　深圳内衣产业集群创新完整链

综上，深圳内衣区域品牌建设模式属于行业协会主导型建设模式。通过深圳内衣行业协会主导的围绕微笑曲线设计端的“4+1”创新工程，完善了创新平台和服务，市场化运作、吸引、优化配置创新资源，壮大发展了已有产业，强化了“深圳内衣，领舞中国”区域品牌核心价值，形成了以“打造创新完整链提供持续创新驱动力”为特色的行业协会主导型模式。该模式的显著特点是，深圳市内衣行业协会为主导者，以区域品牌核心价值“深圳内衣，领舞中国”为区域品牌建设核心，在区域品牌发展的创新型阶段，围绕微笑曲线设计端开展“4 +1”创新工程的区域品牌赢得活动，通过打造创新完整链提供持续创新驱动力，发展深圳内衣区域品牌。因此，就区域品牌赢得活动、决策者主导方式两个维度而言，深圳内衣区域品牌建设模式验证了基于理论分析提出的区域品牌建设模式构成模型。但是，深圳内衣区域品牌建设模式用品牌核心价值替代了理论模型中的战略和战术相结合的区域品牌建设理念。

6.2 创新品牌共享机制避免价格逐底的产业联盟主导型模式

产业联盟主导型模式以四平换热器产业集群为典型。本节在介绍四平换热器区域品牌建设现状的基础上，从区域品牌建设活动入手，分析该产业集群当前的区域品牌建设模式。

6.2.1　四平换热器区域品牌建设现状

四平市拥有换热器企业 100 多家，2015 年实现工业总产值 120 多亿元，可生产板式换热器 600 万平方米、管式换热器 15 万吨、换热器机组 4000 多台套。四平换热器产品主要有板式换热器、管壳式换热器、螺旋板式换热器、板壳式换热器、烟气换热器等。四平换热器占我国国内板式换热器 37.1% 的市场、管式换热器 10.2% 的市场、换热机组 45% 的市场。

四平市换热器产业共有中国驰名商标 1 件、吉林省著名商标 3 件、吉林省名牌产品 4 件。四平换热器产业曾经创下 5 项国内记录：换热器单板换热面积 4.0 平方米，为国内最大；单机装机能力 3200 平方米，为国内最大；单机最大水处理能力 5000 吨/小时，为国内最大；最大板间距 15 毫米，填补国内空白，达到世界领先水平；最高承压能力 3.2 兆帕，为国内最高，达到世界先进水平。

总之，四平换热器集群是中国最大板式换热器产业集群，基本形成了向前包括胶条密封件、模具、液压扳手、法兰管件、端板、板片，向后包括整机组装、系统集成、产品开发、专业采购、专业运输等比较完整的产业链，产业配套和支撑能力不断增强。四平换热器集群是工业和信息化部区域品牌建设试点和示范单位。

6.2.2 四平换热器区域品牌建设模式分析

为避免价格逐底造成产业内企业间的恶性竞争，加强产业内企业的良性竞争和合作，共同打造区域品牌，四平换热器区域品牌建设的核心工作包括产业发展战略联盟的成立和运行、共享商标的建立和使用等两部分。

在打造区域品牌的过程中，四平市牢牢把握政府部门的引导和推动作为换热器区域品牌建设的重要抓手，采取部门联动、综合施策，制订了换热器区域品牌建设发展规划、成立了换热器产业联盟、推出了共享商标、提高换热器产业各级各类公共服务平台服务水平、利好政策吸引等一系列有效措施，把企业参与区域品牌建设的积极性充分调动起来，让域内企业通过区域品牌建设，得到利益，看到希望，进而主动参与区域品牌建设，发挥企业在换热器区域品牌建设中的主体作用。

在换热器区域品牌建设小组的推动下，吉林省换热设备产业发展战略联盟大会召开，标志着吉林省换热设备产业发展战略联盟正式成立。会议通过了 8 章共计 23 条的联盟章程。章程明确了联盟的品牌共享机制、价格机制、联盟标准、联合技术攻关等主要任务。联盟的成立，极大地加快了四平市换热器区域品牌建设的步伐。

在建立共享商标方面，经四平市人民政府批准，以龙头企业四平巨元瀚洋板式换热器有限公司具有市场品牌影响力的商标作为集体共享商标，制定了品牌推广方案，建立品牌共享管理办法，对中小换热器企业达标产品授权使用集体共享商标，或代为巨元公司配套生产，推进换热器产业分工协作。为加大品牌宣传，在长春龙嘉机场、长平高速公路等交通要道醒目位置设立“四平—中国换热器城”宣传广告牌，逐步提升四平换热器的知名度和美誉度，使企业受益。

针对集体商标“四平换热器”无法注册的问题，以龙头企业巨元的“THT”品牌为载体，打造区域品牌。大力扶持巨元建立品牌共享联盟。通过向本地换热器企业开放巨元“THT”品牌使用授权的方式，做大“THT”品牌的规模和影响力。小企业按照自愿原则，在严格遵守品牌使用规则的前提下，可使用“THT”品牌进行换热器产品的销售。对使用集体商标的企业给予政策奖励或贴息补偿，以扩大集体商标的使用范围。巨元编制品牌共享使用管理方法，明确商标使用的基本条件、申请程序、使用权利和义务、商标的监管和保护，规范集体商标产品质量标准、售后服务标准。管理办法着眼建立公平合理的品牌共享长效机制，并坚持通过市场机制协调盟主企业与盟员企业在联盟运营过程中的利益分配，在各级企业获得合理利益的基础上，实现四平换热器产业的可持续发展。

依托集体商标，完善产品架构。在“THT”品牌共享联盟经过市场检验，得到较好发展后，探索建立以“THT”为母品牌的母子品牌架构，搭建区域品牌架构。针对换热器行业的不同细分市场和不同应用领域，建立了相应的子品牌，扩展品牌谱系，同时引导联盟企业使用不同的子品牌扩展细分市场，实现换热器企业的专业化分工和差异化发展，并进一步提高“THT”的品牌效应。

以“THT”品牌共享联盟为基础，进一步搭建四平市换热器产业联盟，提升换热器企业之间的合作，形成以技术交流、营销协同和战略资源整合为主的产业联盟，进一步规范本地换热器企业的竞争行为，建立统一对外的集群品牌，提高市场竞争力。通过产业联盟，减少重复建设和资源浪费，建立联盟企业共享的采购网络，提高采购规模，降低采购成本，缩短采购周期，建立成本优势。

成立产业联盟专家组，研究制订换热器产品联盟标准，依托四平市换热器国家检测中心建立联盟标准认证机制。联盟标准在关键指标上显著高于行业现行标准，并向国际标准看齐，体现四平换热器产品在质量和服务上的优势。在已建立的行业准入标准的基础上，发布联盟企业行为规范，对联盟企业市场行为进行规范约束，严禁出现破坏联盟的行为。根据行业协会对产业的分析预测报告，产业联盟成员制定相应阶段的联盟策略，灵活应对市场变化，实现联盟企业协同发展。

综上，为避免价格逐底造成的企业间恶性竞争，加强产业内企业之间的良性竞争和合作，共同打造区域品牌，四平换热器产业集群探索出一种以“创新品牌共享机制避免价格逐底”为特色的产业联盟主导型区域品牌建设模式。该模式的显著特点是：在换热器区域品牌建设小组的授权下，通过先赋途径，使吉林省换热设备产业发展战略联盟成为区域品牌建设的主导者；以契约关系为纽带、互利共赢为根本，依托龙头企业品牌创建共享品牌的产业发展战略联盟；通过整合公共服务资源、搭建联盟采购平台和价格协调机制、增强产业内企业之间的分工与协作，形成了创新品牌共享机制避免价格逐底型模式。因此，就区域品牌赢得活动、决策者主导方式两个维度而言，四平换热器区域品牌建设模式验证了基于理论分析提出的区域品牌建设模式构成模型。但是，四平换热器区域品牌建设模式用问题导向和目标导向替代了理论模型中的战略和战术相结合的区域品牌建设理念。

6.3 创建科技创新体系和创业体系的地方政府间接主导型模式

地方政府间接主导型模式以清溪光电通讯产业集群为典型。本节在阐述清溪光电通讯区域品牌建设现状的基础上，从区域品牌建设活动入手，分析清溪光电通讯产业集群当前的区域品牌建设模式。

6.3.1 清溪光电通讯区域品牌建设现状

东莞市清溪镇拥有光电通讯企业1200多家，其中规模以上光电通讯生产企业200多家，年产值300多亿元。光电通讯产业集群集聚了一批诸如晶达、光宝、群光、飞宏等实力雄厚的国际知名品牌代工企业，以及光阵、迅滔、明门、快意、宜安等具有国内外自主品牌的大企业。清溪光电通讯产业集群拥有国家高新技术企业33家、国家火炬计划重点高新技术企业3家、广东省创新型企业3家。

清溪光电通讯产业集群拥有广东省省级企业技术中心4个、东莞市市级企业技术中心5个。拥有中国驰名商标1件、国家出口免检商品1件、广东省著名商标6件、广东省名牌产品12个、广东省无公害产品3个。清溪光电通讯企业主导制定3项国家标准、参与制定国家标准20项、参与制定行业标准及地方标准超过100项、制定企业标准100多项。

总之，清溪光电通讯产业已经形成了较为完善的包括研发、制造、营销、相关配套产业在内的产业链。清溪光电通讯产业集群先后获批为国家可持续发展实验区、国家电子信息产业基地、工业和信息化部全国区域品牌建设光电通讯产业试点和示范、广东省光电通讯产业集群升级示范区、广东省光电通讯技术创新专业镇。

6.3.2　清溪光电通讯区域品牌建设模式分析

为解决清溪镇面临的创新资源难以满足产业创新发展要求的问题，提升全产业创新能力和水平，共同打造区域品牌，有关部门确立清溪光电通讯区域品牌培育的核心工作为创建扁平式、分布式科技创新服务体系、科技金融体系和创业体系。

清溪镇人民政府通过实施引智工程，将高校、研发机构、企业技术研发中心等资源集聚于光电通讯产业集群，建立了扁平式、分布式的创新服务体系。通过深化与清华、北大、英国爱丁堡大学、阿里巴巴的战略合作，设立了清华大学力合双清创新基地、北京大学汇丰商学院智汇谷产学研基地、中英低碳产业园、智慧小镇等高端科技产业园区。同时，借助清华力合双清产学研基地项目，集聚深圳清华大学研究院的多个国家级重点实验室的力量，在该产学研基地建成 1 个国家级科技企业孵化器；借助北大智汇谷产学研基地项目，集聚北京大学深圳研究生院、北大汇丰商学院的力量，在该基地建成北京大学深圳研究生院新材料学院产学研基地、光华天成博士后科研工作站广东站、北京大学汇丰商学院实训基地。

为解决光电通讯产业集群内中小企业融资难问题，清溪镇政府创建了“银行 + 政府 + 担保 + 保险 + 创投 + 行业协会 + 科技服务中介”统一结合的科技金融体系。通过该科技金融体系，清溪光电通讯产业集群开展了三方面的区域品牌建设活动。一是推动投融资平台与配套扶持体系建立。通过建立政商银平台筹集 2000 万元增信资金迅速放贷 2 亿元资金给予光电通讯产业集群内中小企业融资担保和支持。出台《清溪镇促进科技金融发展的实施办法》，在贷款贴息等 7 个方面给予融资支持。二是推动“新三板”挂牌工作呈现“三个最”。全市镇街奖励力度最大，对 2016 年 12 月 31 日前成功挂牌的一次性奖励 100 万元。企业踊跃度最高，已有 11 家光电通讯企业签约“新三板”挂牌协议。融资强度最高，粤林股份公司是全市挂牌“新三板”企业中融资额度最高的企业，融资达 1.18 亿元。三是推动纯专利质押贷款，推动 3 家银行开展专利质押贷款业务，辅导 12 家企业获得专利贷款近千万元。

为加快创业载体建设，清溪镇人民政府及有关部门通过打造“孵化器—加速器—创业基地”孵化育成链条，创建创业体系。通过利用现有厂房设备、发动社会资源推动光电通讯产业集群内特色品牌孵化载体与创客空间建设，塑造一批创新创业特色品牌。先后出台《清溪镇加快发展孵化载体建设的实施办法》《清溪镇培育发展科技企业孵化载体筑巢引凤行动计划》等创业扶持政策文件，重点扶持科技孵化器，加大对创业补贴和创业贷款贴息等奖励标准。通过建立政商银融资平台、众筹等方式为中小创业者筹集资金。建立创业辅导指导制度，开展就业创业宣传月活动，承办东莞创新创业大赛先进制造行业总决赛，广泛宣传"众创"优惠政策，培育创客文化，创新创业已在清溪蔚然成风。

上述扁平式、分布式科技创新服务体系、科技金融体系和创业体系形成了清溪光电通讯区域品牌建设的科技创新体系和创业体系，形成了"孵化器—加速器—创业基地"孵化育成链条，为清溪光电通讯区域品牌建设提供了源源不断的创新驱动力，探索出以"创建科技创新体系和创业体系"为特色的地方政府间接主导型模式。该模式的显著特点是，以清溪镇人民政府为主导者，在区域品牌发展的创新阶段，为解决清溪镇面临的创新资源难以满足产业创新发展要求的问题，提升全产业创新能力和水平，共同打造区域品牌，围绕微笑曲线创新端开展了打造科技创新体系和创业体系的区域品牌赢得活动，通过打造"孵化器-加速器-创业基地"孵化育成链条提供持续创新驱动力，从而发展清溪光电通讯区域品牌。因此，就区域品牌赢得活动、决策者主导方式两个维度而言，清溪光电通讯区域品牌建设模式验证了基于理论分析提出的区域品牌建设模式构成模型。但是，清溪光电通讯区域品牌建设模式用问题导向和目标导向替代了理论模型中的战略和战术相结合的区域品牌建设理念。

6.4 搭建全产业链共享服务平台的地方政府间接主导型模式

地方政府间接主导型模式以随州专用汽车产业集群为典型。本节在阐述随州专用汽车区域品牌建设现状的基础上，从区域品牌建设活动入手，分析随州专用汽车产业集群当前的区域品牌建设模式。

6.4.1　随州专用汽车区域品牌建设现状

随州专用汽车产业集群位于湖北省随州市。从随州经济开发区、曾都经济开发区至随县经济开发区的 30 公里专用汽车长廊内。区域内聚集汽车及零部件企业 200 多家，年产值近 400 亿元。已形成年产专用车 15 万辆、底盘 10 万套、车身 10 万台、车轮 1000 万只、铸造件 100 万吨的生产能力。专用车产品涵盖 8 大系列 5000 多个品种，汽车零部件达到 800 多个品种、1500 多个规格。

东风集团、中国重汽、中国恒天、厦门重工、广西玉柴、中航工业等国内知名企业纷纷落户随州，实现了与本地企业的嫁接重组。内生动力，齐星集团、恒天汽车、东风随专、全力机械等一大批集团企业不断壮大。

随州专用汽车产业拥有国家发明专利 200 多项、省级各类技术中心 25 个、高新技术企业 32 家，中国驰名商标 7 个。有 6 家企业参与了国家行业标准制定，有 13 个产品被评为“湖北名牌产品”。

随州专用汽车产品广销全国，并出口亚洲、非洲、南美洲、中东等 20 多个国家和地区。罐式车、环卫车、教练车、平头车身、钢质车轮和汽车铸造件连续六年销量均居全国第一。油罐车、城市环卫车、化工防腐液体车、钢质轮毂和汽车铸造件市场占有率全国第一。率先成功研发并投产新能源专用车，多功能抑尘车、环卫清扫车、沙漠制水车、太阳能野外作业车等 30 多种产品填补了国内空白。

总之，随州专用汽车产业集群已成为全国品种最齐全、特色最鲜明、产业资源最富集、区域集中度最高的专用汽车生产基地。随州专用汽车被中国机械工业联合会授予“中国专用汽车之都”称号。还获得“中国机械区域品牌创建”优秀奖，成为国家首批“区域品牌质量建设试点地区”“国家专用汽车高新技术产业化基地”“国家新型工业化专用车产业示范基地”“国家首批应急产业（专用汽车）示范基地”“全国专用车质量提升示范区”“国家级出口专用车产业质量安全示范区”、工业和信息化部“区域品牌建设试点和示范区”。这些荣誉表明，随州专用汽车区域品牌已经得到行业认可，具有全国性区域品牌特点，产业集群发展已经进入基于创新竞争规模期阶段。

6.4.2 随州专用汽车区域品牌建设模式分析

为解决单个企业难以投资运营的行业内共性问题，促进随州专用汽车产业发展，加快区域品牌建设，随州市政府建立了“1+1”专用汽车全产业链综合支持体系。该体系的建设促进了“官、商、产、学、研”的有效合作，为随州专用汽车产业提供了从战略设计、概念设计，到产业技术支持，到产品与工艺设计等全方位的技术服务，促进了随州专用汽车产业向现代化精益生产方式的转变，全面提升了产业品质、产业形象、产业能力、产业盈利水平。

目前，建成并投入使用4个平台、4个中心、3个基地和2个论坛。4个平台是湖北省（随州）专用汽车设计服务平台、湖北省（随州）专用汽车信息服务平台、湖北省（随州）专用汽车销售服务平台、湖北省（随州）专用汽车人才服务平台。4个中心是湖北省（随州）专用汽车技术中心、湖北省（随州）专用汽车物流中心、湖北省（随州）专用汽车博览中心、湖北省（随州）专用汽车质量检测中心。3个基地是国家科技兴贸创新基地、国家汽车及零部件出口基地、国家高新技术产业示范基地。2个论坛是中国（随州）国际专用汽车博览会和中国（随州）专用汽车发展论坛。正在规划湖北省（随州）专用汽车金融服务平台。

全产业链体系一方面为区域品牌建设提供了支持，另一方面实现了多方面的服务共享。

首先，在随州汽车产业信息中心基础上，充分整合随州市人民政府各部门和汽车行业的信息资源，建立了包括企业产销量、特色产品、各地需求和政策信息的共享资源数据库，为专用汽车产业发展提供产品、技术、市场和销售服务等重要信息支持。

其次，融合互联网平台，建成全国知名专用车销售中心。充分发挥电子商务在全球化采购中的作用，整合了随州专用汽车及零部件企业的营销体系，在支持企业开拓海外市场及扩大国内市场占有率等方面的效果明显。利用专汽之都信息平台进行网络营销。以专汽之都网站、湖北专汽网、专汽电商产业园为平台，引导专用车企业加盟并以中国专汽之都整体标志对外营销。探索出“线上、线下”网络营销的随州模式，全市专用车销售网站达1000多个。

此外，利用创新平台市场信息资源，个性化定制专用车产品。创新联盟发展基于互联网的智能协同制造新模式，引导企业通过提升产品品质、开展协同创新、提供个性服务，根据客户需要实施大规模个性化定制、网络化协同制造。成立了专用车客户技术服务部和项目管理部，部门由多名专用车技术专家组成，通过对用户提出的需求进行分析，下达技术方案，保证产品严格符合国家和行业相关标准的要求，由用户对方案进行认可，认可后开始实施生产，做到对专用车进行个性化定制。对“订制”的车辆，针对产品和结构特点，加入现代化的先进科技，增加智能化和自动化功能，增加提高安全性能或舒适度的个性化装置，以及改变车辆的涂装方案等其他的用户特殊需求。

上述“1 +1”专用汽车全产业链综合支持体系为随州专用汽车产业集群搭建了全产业链综合支持体系和共享体系，为整个集群提供多平台服务，形成了以“打造全产业链共享服务平台”为特色的地方政府间接主导型模式。该模式的显著特点是：以随州市政府为主导者，在区域品牌发展的创新阶段，为解决单个企业难以投资运营的行业内共性问题，促进随州专用汽车产业发展，加快区域品牌建设，围绕微笑曲线各环节开展了打造专用汽车全产业链综合支持体系和共享体系的区域品牌赢得活动，通过全产业链综合支持体系和共享体系持续提供多平台服务，从而发展随州专用汽车区域品牌。因此，就区域品牌赢得活动、决策者主导方式两个维度而言，随州专用汽车区域品牌建设模式验证了基于理论分析提出的区域品牌建设模式构成模型。但是，随州专用汽车区域品牌建设模式用问题导向和目标导向替代了理论模型中的战略和战术相结合的区域品牌建设理念。

6.5 顺应产业发展趋势跨界合作创新的地方政府间接主导型模式

该模式以澄海玩具产业集群为典型。本节在阐述澄海玩具区域品牌建设现状的基础上，从区域品牌建设活动入手，分析澄海玩具产业集群当前的区域品牌建设模式。

6.5.1 澄海玩具区域品牌建设现状

汕头市澄海区聚集了1500多家玩具企业，其中80%以上集中在凤翔、广益、澄华、莲下4个街道（镇）。出现了“凤翔玩具”省级专业镇和一批专业村（社区）。全区形成了以中心城区凤翔、澄华、广益3个街道和324国道沿线莲下、莲上、东里等玩具专业镇为主的产业集群。2015年，澄海玩具产值395亿元，其中70%以上出口到欧美、中东、南美、东盟、俄罗斯等140多个国家和地区，出口额达到280亿元。

澄海玩具涌现出奥飞、星辉、骅威等年产值超5亿元的大型企业，培育了群兴、佳奇、澄星航模等170家年产值超1亿元的龙头企业、骨干企业。2015年澄海玩具产业拥有高新技术企业13家、国家“火炬计划”重点高新技术企业3家、省创新型（试点）企业4家、省级工程技术研发中心7家，市级工程中心9家。拥有5件中国驰名商标、29个广东省名牌产品、31件广东省著名商标，3家公司获全国玩具“出口免验企业”。

“澄海玩具”集体商标已分别通过国家商标局和世界知识产权组织国际局认定，成功登记注册。澄海玩具以自主设计、自主品牌、自主生产占据世界玩具市场的半壁江山。“中国玩具看广东，广东玩具看澄海”得到玩具业内人士认可。澄海玩具是工业和信息化部区域品牌建设试点。

6.5.2 澄海玩具区域品牌建设模式分析

为解决传统玩具产业转型升级的问题，促进澄海玩具产业发展，加快区域品牌建设，澄海区人民政府确定在澄海玩具区域品牌建设方面的核心工作是顺应产业发展趋势变革和跨界合作创新。

在顺应产业发展趋势变革方面，澄海区人民政府做了三方面工作：一是巩固传统玩具地位，推陈出新，使之焕发新的活力，走品牌化和区域化路线，打造澄海玩具区域品牌。把经过长期考验而流传下来的澄海传统玩具，重新注入新的时尚元素和现代设计理念，完成产品升级，提升澄海玩具在国际市场的知名度和美誉度，使传统玩具重新焕发生机和活力。

二是紧跟文化发展趋势。将动漫元素、游戏元素和影视元素等文化元素注入玩具产业，实现玩具产业向创意和文化等高端产业发展，实现从传统玩具产业向文化创意产业迈进。

三是大力发展智能玩具，从制造向创造跨越。随着信息时代的不断深入，玩具的智能化成为一种必然。加大自主研发和创新力度，积极寻求外部智力资源与技术支持，在玩具产品中引入高科技概念，开发玩具新功能，创造各种智能互动玩具。

在跨界合作创新方面，澄海区及时根据区域传统产业特点，充分发挥传统产业优势，助力推动企业将动漫元素、游戏元素和影视元素等文化元素注入玩具产业，进一步推动玩具产业向创意和文化等高端产业发展，实现玩具产业的华丽转身，形成“动漫 + 玩具 + 游戏 + 影视”的独特发展模式。该模式包括两方面：一是立足澄海玩具优势，积极引导企业将动漫元素、游戏元素和影视元素等文化元素注入玩具产业，推动企业向动漫游戏转型升级；二是积极引导和扶持动漫企业加快从“动漫 + 玩具”向“动漫 + 玩具 + 游戏 + 影视”转型，走“泛娱乐产业”发展新模式。

合作创新的具体措施有四个：一是实施“集聚发展”战略，扶持企业做强做大；二是实施“创新驱动”战略，提升自主创新能力；三是实施“文化联动”战略，推动产业转型升级；四是实施“市场拉动”战略，建设现代产业服务体系。

总之，为解决传统玩具产业转型升级的问题，促进澄海玩具产业发展，加快区域品牌建设，澄海玩具产业集群采用远近结合原则，将优势传统产业转型升级、新产业谋划和企业兼并重组同时考虑的三结合原则，多措并举，组建了动漫玩具、智能玩具、模型玩具、益智玩具四大产业联盟，大大实施技术创新工程，鼓励企业加大研发投入，提升产品核心竞争力，变“制造型产品”为“内容驱动型的智能型产品”，形成了以“顺应产业发展趋势跨界合作创新”为特色的地方政府间接主导型模式。该模式的特点是：澄海区人民政府为主导者，重点开展了顺应产业发展趋势转型升级和跨界合作等活动，通过跨界合作，深耕主业，多元开拓，加速转型，融合发展等方式，发展澄海玩具区域品牌。因此，就区域品牌赢得活动、决策者主导方式两个维度而言，澄海玩具区域品牌建设模式验证了基于理论分析提出的区域品牌建设模式构成模型。但是，澄海玩具区域品牌建设模式用问题导向和目标导向替代了理论模型中的战略和战术相结合的区域品牌建设理念。

6.6 本章小结

本章以深圳内衣、四平换热器、清溪光电通讯、随州专用汽车和澄海玩具为典型产业集群案例，分析得到了 5 种各具特色的区域品牌建设模式：打造创新完整链提供持续创新驱动力的行业协会主导型模式、创新品牌共享机制避免价格逐底的产业联盟主导型模式、创建科技创新体系和创业体系的地方政府间接主导型模式、搭建全产业链共享服务平台的地方政府间接主导型模式、顺应产业发展趋势跨界合作创新的地方政府间接主导型模式。就区域品牌赢得活动、决策者主导方式两个维度而言，这些模式验证了基于理论分析提出的区域品牌建设模式构成模型。但是，深圳内衣区域品牌建设模式用品牌核心价值替代了理论模型中的战略和战术相结合的区域品牌建设理念；其他类型模式则用问题导向和目标导向替代了理论模型中的战略和战术相结合的区域品牌建设理念。

第 7 章

行业协会主导型区域品牌建设模式演化和机理案例研究

本章将以深圳钟表为例，从区域品牌建设现状、建设主体、建设平台与活动等方面，对行业协会主导型区域品牌建设进行案例描述；通过深圳钟表区域品牌建设模式演化和机理分析，验证区域品牌建设模式构成模型、区域品牌建设机理价值网模型、区域品牌建设模式构建模型。

7.1 深圳钟表区域品牌建设现状

7.1.1 产业国内绝对领先并具国际影响力

深圳钟表产业是深圳市人民政府积极扶持的优势传统产业，是深圳时尚产业的重要组成部分。2017 年，深圳手表产值约 600 亿元，其中传统手表产值 380 亿元、智能穿戴产品 220 亿元。我国手表产量占全球的 80%；深圳手表产量占全球的 42%，占全国的 60%，出口额占全国的 53%。

产业重点企业有飞亚达（集团）股份有限公司、依波精品（深圳）有限公司、天王电子（深圳）有限公司、深圳市雷诺表业有限公司、深圳宜准电子有限公司、深圳市古尊表业有限公司、深圳市万机创意电子科技有限公司等。龙头企业飞亚达、依波、天王、雷诺和格雅均为“国家级高新技术企业”。中国钟表十强企业中，深圳钟表占7个。

1982年深圳钟表诞生了第一个品牌“天霸”；1987年“飞亚达”诞生；1988年有了“天王”；1991年有了“依波”；1992年“星皇”推出……。至今，深圳钟表共有自主品牌170个。自主品牌零售额中，深圳钟表占全国70%以上。钟表行业全国共有中国名牌9个，深圳钟表占4个。行业内全国共有12个中国驰名商标，深圳钟表占8个。钟表行业广东省著名商标全省共13个，深圳占9个。

7.1.2 深圳钟表区域品牌发展现状

2011年10月，深圳市钟表业首批获得商务部授予的“国家外贸转型升级专业型示范基地”称号。2013年12月，中国轻工业联合会和中国钟表协会联合授予深圳钟表“中国钟表之都”称号。2014年9月，深圳钟表区域品牌首批获得工业和信息化部“全国区域品牌建设时尚产业（钟表）”试点。2018年3月，国家质检总局同意深圳市钟表业筹建“全国钟表产业知名品牌创建示范区”。

由上述可见，深圳钟表区域品牌已经得到行业认可，具有全国性区域品牌特点。

7.1.3 深圳钟表区域品牌建设的先天要求和条件

从产业链看，钟表产业链条长，分工精细，企业分散于各环节，需要各企业间合作，从而提升产业链各环节的紧密度。从产业体量看，无论是全球还是深圳，钟表行业整体体量有限，并且单个企业体量普遍有限。钟表产业的这些特点使区域品牌建设具备先天优势和要求。

目前，只有中国、日本和瑞士具备钟表完整产业链。从全球来看，钟表产业在地域上高度集中，区域之间的竞争十分激烈，并且瑞士钟表具有明显的国别品牌优势。瑞士钟表品牌优势造就了其品牌价值，使得瑞士钟表利润率明显高过深圳钟表，从而迫切要求深圳钟表加强区域品牌建设。

目前，我国钟表产业在工艺和设备都不比瑞士差；以往差别主要在人。人主要体现在消费者和设计师。以往，国内消费者对产品审美和细节要求显著区别于海外高端市场；与此同时，国内缺乏设计师。近年来，和海外市场比，国内外的消费者和年轻设计师已经没有显著差异。因此，深圳钟表已经具备了打造世界性区域品牌的内在条件。

7.2 深圳钟表区域品牌建设主体

深圳钟表区域品牌建设主体主要有深圳市钟表行业协会、协会会员企业、地方主管部门。

深圳市钟表行业协会于 1987 年 1 月经深圳市人民政府工业办公室批准成立，是深圳市最早的工业行业协会之一。协会目前拥有会员企业 520 家。自成立后，协会大致经历了 6 个发展阶段。1987 至 1991 年的自立发展阶段，主要特点是“积极招商引资，联合企业互动”。1992 至 1996 年的自强探索阶段，主要特点是“探索工作模式，寻求发展方向”。1997 至 2001 年的开拓探索阶段，主要特点是“扩充服务功能，强化桥梁作用”。2002 至 2006 年的构建平台阶段，主要特点是“建立公共服务平台，促进国际化发展”。2007 至 2011 年的理念成长阶段，主要特点是“加强与各方对话合作，促进发展方式转型”。2012 年至今是体系建设阶段，主要特点是“完成各个平台机制建设，构建卓有成效的服务体系”。

在组织结构方面，深圳市钟表行业协会依法制定章程，最高权力归“会员代表大会”。协会第十三届理事会组织架构如图 7－1 所示。

协会采取“自筹资金、自聘人员、自主会务”方针，由秘书处开展日常工作。秘书处严格执行理事会决议，协助各委员会开展工作。在人力资源方面，秘书处全体人员采用聘任制。目前有专职工作人员 47 名。其中，5 位行业高级工程师为研发院专职技术顾问，3 位为享受国务院津贴的研究员级专家；硕士 6 名，学士 16 名，大专 16 名，中专 4 名；员工男

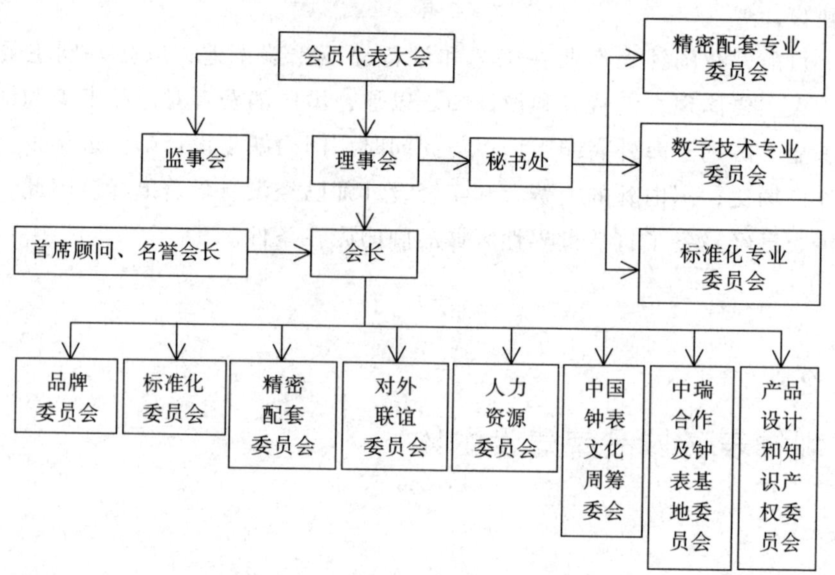

图 7－1　深圳市钟表行业协会第十三届理事会组织架构

女比例为21:26。行政管理方面，秘书处严格遵照国家劳动法进行管理，建立并执行企业化的内部管理制度，建立了全员工作手册，建立了绩效考核机制，对日常工作进行规范。财务管理方面，设专职会计和出纳岗位，制定了规范的财务制度并严格加以执行。

协会认为，学习型组织是培养可持续发展竞争力的关键。目前高层管理人员均参加了硕士学历培训。曾和深圳市政策研究室、清华大学公共管理学院、中欧国际工商学院、上海交通大学、北京大学光华管理学院、华南理工大学、厦门大学和南开大学合作，参与了社会组织建设和社会管理等方面的研究。

协会在“民主选举机制、内部规范治理、建立公共服务体系、国际化促进转型升级”等方面表现出色，先后被国家民政部、广东省和深圳市政府授予“全国先进社会组织”“国家中小企业公共服务示范区平台”“广东省先进民间组织”“广东省中小企业公共（技术）服务示范平台”“广东省知识产权示范单位”和“深圳市5A级社会组织”等荣誉称号。

7.3 深圳钟表区域品牌建设阶段及活动

深圳钟表区域品牌建设大致经历了两个阶段。第一阶段是 2001 年之前的品牌建设跟随阶段。第二阶段是 2001 年至今的品牌建设拓展阶段。

7.3.1 深圳钟表跟随阶段区域品牌建设活动

2001 年之前是深圳钟表区域品牌建设跟随阶段。该阶段品牌建设活动主要有四类：协会成立、产业规划、开业服务和对外宣传展览展销。

深圳市钟表行业协会于 1987 年经深圳市人民政府工业办公室批准成立。成立当年开展了钟表产业规划。跟随阶段，大量企业到深圳开业；开业时面临落户、寻找注册地和生产场地等一系列问题。针对这些问题，协会提供了一系列开业服务，为新开业者获取相应资源提供了大量系列服务。

随着产业的快速发展，产能得以快速扩张，急需扩大市场。为此，协会开展了对外宣传展览展销工作，形成了 3 个产业服务公共平台：1990 年开始举办的中国（深圳）钟表展、开办的行业杂志《深圳钟表 WATCH & CLOCK》以及 1991 年开始组团参加的香港国际钟表展。通过这些活动，使深圳钟表产业陆续获得品牌建设所需客户资源和行业信息，并传播了区域和产业文化。

区域品牌建设跟随阶段开展的上述四类活动可以归为两种类型。开办行业杂志《深圳钟表 WATCH & CLOCK》主要属于整合型活动，旨在传播地域文化和培育产业文化；其次属于适应型活动，旨在获得行业信息。其他活动主要属于适应型活动，旨在从外部获取品牌建设所需开业资源、顾客资源、行业信息，并提升产业发展认知度。

7.3.2 深圳钟表拓展阶段的区域品牌建设活动

2001 年开始至今是深圳钟表区域品牌建设拓展阶段。除了继续跟随阶段的主要活动外，增加了24个产业服务平台，形成了“产业推广、技术创新、信息研究、公益基金”4大体系平台和相应的区域品牌建设活动。

7.3.2.1 产业推广平台和活动

如表7-1所示，从1990年举办中国（深圳）钟表展开始，已经创建钟表展、文化周、文化创意文博会、创客周等类别共8个平台。包括在深圳本地、香港、以及瑞士巴塞尔和德国慕尼黑等开展多种形式的品牌推广活动。其中，既有吸引全球买家、创意者、创客等走进来的活动，也有企业集中走出去的活动。

表7-1 产业推广平台

序号	平台名称	起始年份
1	中国（深圳）钟表展	1990
2	中国·钟表文化周	2010
3	时间谷文化创意港文博会分会场	2014
4	深圳国际创客周光明新区分会场	2016
5	香港国际钟表展中国展团	1991
6	瑞士巴塞尔世界钟表珠宝展中国展团	2007
7	德国慕尼黑珠宝钟表展中国展团	2016
8	一带一路时尚科技中国展团	2017

为了引领企业走出去，促进行业国际化，深圳市钟表行业协会以瑞士钟表业为标杆，开展了全方位探索转型。2011年9月，协会承办了深圳市人民政府在瑞士举行的“深圳市钟表集聚基地推介会”。2014年3月，引领“中国展团”首次进驻瑞士巴塞尔世界钟表珠宝展国际品牌2号馆参展，与国际品牌同台竞技并取得圆满成功。

2014年3月，深圳市钟表行业协会协助国家工业和信息化部、中国驻瑞士大使馆，在深圳市人民政府支持下，联合瑞士国内近十个地方政府、商会和协会组织，在瑞士巴塞尔创办了“首届中瑞自贸协定及国际品牌影响力高峰论坛”。论坛的举办对拓展和深化中瑞经贸关系具有重要现实意义和长远影响。此后每年举办一次。该论坛已经成为中瑞交流平台，促进了中瑞双边贸易、双边投资合作、双边互动共赢。此外，深圳市钟表行业协会在深圳国际化城市建设方面也发挥了协会作用，起到民间外交作用，并于 2015 年直接促成了深圳市和瑞士伯尔尼州结为友好城市。

7.3.2.2　技术创新平台和活动

如表 7 - 2 所示，深圳市从 2002 年创建钟表研究院开始，已经创建产品与技术研究、质量检验、技能培训与鉴定、创新设计大赛与众创空间等类别共 8 个平台，并开展了各种活动。为实现“引领创新，把握趋势”，2015 年深圳市钟表研究院改名为深圳市钟表与智能穿戴研究院。

表 7 - 2　　技术创新平台

序号	平台名称	起始年份
1	深圳市钟表与智能穿戴研究院	2002
2	深圳市钟表质量检验中心	2004
3	深圳市钟表技能鉴定所	2004
4	深圳市钟表协会职业技能培训中心	2005
5	产品创新设计中心	2009
6	“合 · 智” 智能穿戴创新设计大赛	2015
7	智慧时间众创空间	2015
8	钟表文化周@China 钟表创新设计大赛	2016

深圳市钟表行业协会于 2004 年 8 月投资创建第三方检测机构“深圳市钟表质量检验中心”。该中心是深圳市人民政府重点支持建立的行业公共技术平台，承担社会公共服务。中心为钟表及相关行业提供原材料、部件及成品的性能测试服务，并开展供应商评估、验货服务。2005 年 11 月，中心通过中国合格评定国家认可委员会（CNAS）的检测和校准实验室能力认可审查，正式成为 CNAS 的一员。与此同时，也获得国际实验室认可合作组织（ILAC）互认实验室资质。该中心从 2006 年开始申报计量认证，历经 8 年坚持不懈，于 2014 年 6 月，获得广东省质量技术监督管理局颁发的计量认证证书，获得 CMA 认证资质，是全国首个获得国家计量认证的社会组织，是全国唯一同时具备 CNAS 和 CMA 双认证资质的民间性质第三方检测机构。该中心出具的检验报告和检验证明在中国国内具有法律效力；在国际上，则在 45 个国家和地区的 55 个认可机构组织具

有互认效力。

7.3.2.3 信息研究平台和活动

如表 7－3 所示，深圳市从 1990 年创建《深圳钟表 WATCH & CLOCK》开始，已经创建行业杂志、行业互联网信息平台、行业高峰论坛、沙龙、知识产权等类别共 7 个平台。通过建立互动发展的行业公共信息服务平台，主动宣传党和国家的方针政策，积极宣传中国，宣传深圳，宣传深圳钟表。

表 7－3 信息研究平台

序号	平台名称	起始年份
1	深圳钟表 WATCH & CLOCK	1990
2	中国钟表信息平台 http：//www. ewatch. cn	2002
3	中国钟表高峰论坛	2003
4	深圳市钟表知识产权中心	2003
5	MOMENT 时刻	2009
6	MOMENT MEDIA 时刻传播	2013
7	时间谷智 · 汇沙龙	2014

从 2003 年开始，钟表协会联合 15 个商会创办了“中国钟表高峰论坛”。该论坛连续成功举办 15 届，已经成为“钟表行业理论之源”。2013 年打造时刻传播 MOMENT MEDIA 官方微信，致力于打造最优品质的全媒体平台，展示钟表时尚业动态，传播经典时刻。

7.3.2.4 公益基金活动和深圳市钟表集聚基地中国时间谷

2015 年 12 月由深圳市关爱行动公益基金会倡导、深圳市钟表行业协会发起成立“时间有爱”艺术公益基金。该基金是深圳市首个由企业、艺术家、公益组织跨界结合，专注于推动艺术公益融合的基金。基金致力于培育艺术人才加入公益事业、支持特殊儿童才艺发展、开展贫困落后地区的艺术教育扶贫等三大公益项目，探索艺术公益化和公益艺术化的公益新模式。

2002 年协会开始寻找深圳钟表产业发展集聚地。几经周折，历经 14 年的坚持不懈，2015 年 6 月，深圳市钟表集聚基地“中国时间谷”正式挂牌确认，钟表基地开始了新的定位，成为深圳市钟表产业 30 多年发展史上新的里程碑。深圳钟表产业集聚基地是深圳市九大先进制造业基地之一，是光明新区重点建设专业园区。该基地可出让工业用地面积 68 166. 57 平方米、配套宿舍区面积 15 981. 66 平方米、总部功能区面积 33 113. 4 平方米。

时间谷是中国钟表之都，集“总部经济”“公共服务平台”和“中瑞创新产业合作区”于一体。捷永皇黄、格雅、瑞辉、依波精品、森丰、飞亚达、君斯达、伯尼等 10 家知名钟表企业总部相继入驻。深圳市钟表行业协会秘书处也于 2016 年 8 月 1 日正式入驻时间谷，协会的注册地址也随之变更。深圳市钟表与智能穿戴研究院、深圳市钟表质量检验中心等协会所属服务平台也相继迁入时间谷。

7. 3. 2. 5　深圳钟表拓展阶段区域品牌建设活动的特点

通过深圳市钟表质量检验中心、深圳市钟表技能鉴定所、深圳市钟表知识产权中心等平台开展的活动，以及深圳市钟表行业协会依据治理机制开展的选举活动等属于维模型活动，旨在维持区域品牌建设有关质量、人才、知识产权等符合一定的规范和秩序，有利于维持品牌声誉，促进品牌健康平稳发展。协会依据治理机制开展的选举活动在维模的同时，还可以为将来开展调动内部资源的达标型活动做好基础，有助于内部资源的有效利用。

通过中国钟表文化周、Moment 时刻、Moment @ Media 时刻传播等平台开展的活动主要属于整合型活动，旨在传播地域文化和培育产业文化，其次属于适应型活动，旨在获得行业信息。

除了上述活动外，通过其他平台开展的活动主要属于适应型活动，旨在从外部获取品牌建设所需顾客资源、行业信息，并提升产业发展认知。在开展这些适应型活动的同时，需要调动产业内部资源，穿插了调动内部资源的达标型活动。

总之，在拓展阶段，深圳钟表区域品牌建设活动涉及维模、整合、适应和达标等四类活动，但从数量看主要集中于适应型活动。

7.4 深圳钟表区域品牌建设模式现状及演化

7.4.1 深圳钟表区域品牌建设主体社会结构现状及演化

7.4.1.1 深圳钟表区域品牌建设主体社会结构现状及特点

（1）现状

图 7－2 描述了深圳钟表区域品牌建设主体社会结构现状。

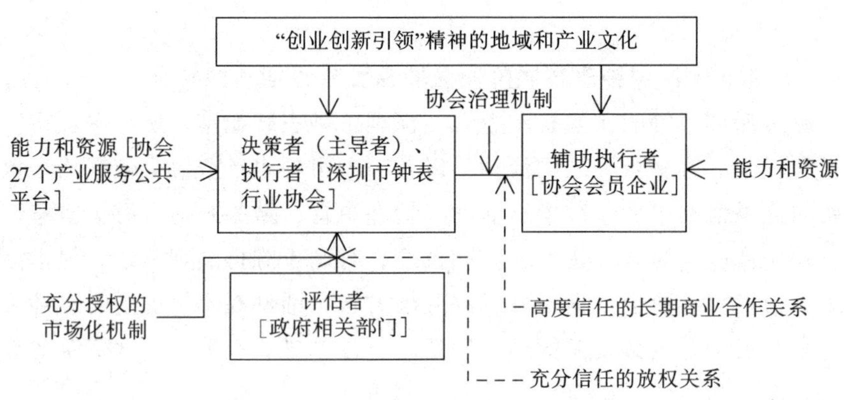

图 7－2 深圳钟表区域品牌建设主体社会结构现状

从角色看，深圳钟表区域品牌建设主体主要有决策者、执行者、辅助执行者、评估者和被评估者。决策者和执行者是深圳市钟表行业协会。辅助执行者是协会各类会员企业。评估者是政府主管部门；被评估者主要是协会。从地位看，深圳市钟表行业协会是区域品牌建设的主导者，是区域品牌建设的核心。

从关系看，深圳市钟表行业协会与政府相关部门之间形成了充分信任的放权关系，与协会会员企业间形成了具有高度信任的长期商业合作关系。政府相关部门对协会无行政干预，使协会能民营化市场化发展。经过协会作为区域品牌发展决策者和执行者的长期努力，协会与政府相关部门之间形成了高度的相互信任。协会获得了“规范管理、创新服务、引领产业”的良好评价，获得了国家民政部门、广东省和深圳市人民政府的高度肯定，赢得了“全国先进社会组织”等荣誉称号。

从嵌入性看，深圳钟表区域品牌建设主体社会结构中的协会和会员企业不但嵌入了能力和资源，而且嵌入了体现“创业创新引领”精神的地域和产业文化；在协会和会员企业之间嵌入了协会治理机制和会员淘汰机制；在协会和政府相关部门之间嵌入了充分放权的市场化机制。深圳市钟表行业协会通过构建 27 个产业服务公共平台，嵌入了“产业推广、技术创新、信息研究、公益活动”等 4 方面的能力和资源。协会会员企业也嵌入了产品品牌和企业品牌建设需要的能力和资源，以及协助区域品牌建设需要的能力和资源。

（2）特点

在分工方面，深圳钟表区域品牌建设主体社会结构的显著特点是：行业协会主导并市场化运作，协会会员企业为主体共建区域品牌。

在协同和治理方面，深圳钟表区域品牌建设主体社会结构具有三个显著特点：一是政府相关部门充分授权并作为评估者，在对协会给予有限资源支持的情况下，协会能充分市场化集聚资源和能力，市场化运作，有效开展区域品牌建设活动，在政府相关部门和协会间形成充分信任的放权关系。二是协会通过嵌入能力和资源，能为会员企业提供会员企业切实需要的有价服务，并依据协会治理机制和会员淘汰机制，在协会和会员企业之间形成高度信任的长期商业合作关系。三是在协会和会员企业之间，普遍嵌入体现“创业创新引领”精神的地域和产业文化，通过这样的文化可以引领产业和区域品牌发展，为产业发展和区域品牌建设活动指明目标和方向。这三个特点说明了深圳钟表区域品牌建设各主体间很好地实现了分工下的协同和治理。

7.4.1.2　深圳钟表区域品牌建设主体社会结构演化机制

深圳钟表区域品牌建设主体社会结构演化机制有基本的先赋机制、内部自致机制、外部自致机制和引导学习机制，以及这些机制间的交互作用，包括内外部自致机制之间的交互促进、先赋机制和自致机制之间的相互促进。

（1）先赋机制

1987 年 1 月，深圳市人民政府工业办公室在深圳市钟表行业协会成立批文中明确规定了协会定位、宗旨和基本任务。其中的定位是行业内生产企业自愿参加的服务性组织。宗旨是规划、开拓、协调与服务，促进本行业的生产发展和技术进步。基本任务有 5 项：协助市政府工业部门编制行业发展规划，为企业制定生产经营计划和发展规划提供咨询服务；组织行业内企业开展横向经济联合与协作，开展国际经济、技术交流，搜集、整理并向企业提供各种科技、经济信息，协助企业开拓国内、外市场和供、销渠道，促进本行业产品打入国际市场；组织制定本行业产品的技术、质量标准，制定行规、行约，协调产品产量、价格和销向，维护行业共同利益；沟通企业与政府之间的联系，反映企业要求与建议，完成市政府有关部门交给的调查与咨询任务；帮助企业培训各种技术与管理人才，提供企业管理咨询、诊断服务，推进本行业企业管理现代化。

由上述定位、宗旨和基本任务可以看出，深圳市人民政府工业办公室通过充分授权的市场化机制，使深圳市钟表行业协会通过先赋方式获得了深圳钟表产业和区域品牌建设的决策者角色和主导地位，奠定了深圳市钟表行业协会作为决策者的区域品牌建设决策者直接主导方式。

（2）内部自致机制

协会采取“政社分开、权责明确、依法自治”方针，通过协会治理机制，加强内部治理。协会坚守诚信自律，坚持自治，政社分开。创会至今，从未有任何政府部门领导和工作人员（含离退休人员）兼任过协会任何职务，包括顾问和名誉职务都没有。

在选举方面，通过差额选举实现竞争有序。会长、副会长、常务理事、理事、监事长、监事完全由企业家差额选举产生。常务理事和理事组成理事会。监事长和监事组成监事会。通过全面差额选举，候选理事不设数量上限，符合条件都可以参选。通过公示候选人，通过邮件、网络和会员代表大会现场公示等多种途径，让会员企业对参选理事有充分了解和认识。通过高效、严密的电子“选票机”，为差额选举提供保障。

会长竞选实施“握手承诺”治理规则。会长候选人无论当选与否，无条件支持当选会长工作，为行业发展尽心尽力。

选举资格实施三三制晋升制度，加强治理。上一届理事可竞选本届常务理事；上届常务理事有资格竞选副会长；上届副会长可竞选会长。

在职权责方面，职权清晰，工作守则。理事有严格工作守则，理事必须参与协会各项委员会的具体工作。会长、秘书长严格按照章程开展工作。监事会发挥廉洁监督功能。

深圳市钟表行业协会健康有序独具特色的上述内部治理机制推动了深圳市社会组织管理条例的制定，为深圳市社会组织管理和健康有序发展发挥了重要作用。

通过协会上述治理机制以及会员淘汰机制，直接促进了协会和会员企业之间高度信任长期关系的形成。这一高度信任的长期关系进一步强化了协会在区域品牌建设的决策者角色和主导地位，强化了区域品牌建设的协会直接主导方式。

（3）外部自致机制

协会在产业规划、品牌规划、品牌营销、产业集聚地等涉及区域品牌建设的众多领域制定并实施了一系列重大决策。产业规划方面，1987 年协会成立的当年即组织力量开展产业长期规划，具有前瞻性地提出发展钟表完整产业链的构思。该规划对此后深圳钟表产业供应链招商产生深远影响，促进了深圳钟表全产业链发展，促进了深圳钟表产业集群的形成和发展，并有力地促进了产业竞争力的形成。

2015 年在智能穿戴初具端倪的时候，协会提出钟表业向智能穿戴方向发展的思路，并发起成立“深圳市智能穿戴产业联合会”，旨在引领产业转型发展。

在品牌规划方面，协会适时提出了“深圳钟表，领军中国”的区域品牌核心价值；提出了“品牌国际化、产业时尚化、制作精益化”的发展战略；提出了通过精密制造转型升级区域品牌的路径；提出了“中国时间谷”作为深圳钟表产业集聚基地的整体品牌概念。

在品牌营销方面，持续策划并举办了一系列钟表展，开办了信息平台，出版了刊物。

在产业集聚地方面，协会从 2002 年开始规划并寻找产业总部发展基地，历经十几年的努力，至 2015 年 6 月，深圳钟表集聚基地“中国时间谷”正式挂牌确认，为深圳钟表产业后续发展提供了良好的发展集聚地。

目前，协会的宗旨是“聚·变·为企业创造价值”，以“推动企业持续成功”为愿景，小协会成就大事业，立志成为全球钟表行业的最佳服务供应商。充分发挥社会组织职能，积极引导产业“国际化、品牌化、时尚化”发展，引领企业积极主动“转型”，参与国际合作、国际投资，使深圳钟表产业从具有“比较优势的制造”向具有“集聚优势的品牌”升级。

协会通过制定并实施上述一系列重大决策，不但使协会自身集聚了资源并形成了相应的能力，而且为会员企业带来了实实在在的价值，促进了区域品牌、产业和企业的共同发展；直接促进了协会和会员企业之间高度信任长期商业合作关系的形成，实现了协会作为区域品牌建设决策者角色和主导地位的外部自致，强化了区域品牌建设的协会直接主导方式。

（4）内外部自致机制之间的交互促进

协会治理机制和会员淘汰机制等内部自致机制直接促进了协会和会员企业之间高度信任长期关系的形成。高度信任长期关系成为长期商业合作关系形成的基础。该基础和外部自致机制间产生了交互促进作用，促进了高度信任长期商业合作关系的形成，强化了协会在区域品牌建设的决策者角色和主导地位，强化了区域品牌建设的协会直接主导方式。

（5）先赋机制和自致机制的相互促进

通过内外部自致机制使深圳市钟表行业协会与会员企业之间形成了高度信任的长期商业合作关系，协会为会员企业创造了实实在在的价值，促进了区域品牌、产业和企业的共同发展。内外部自致机制带来的这些效果，使得深圳市相关主管部门更加信任协会的能力，更进一步强化了主管部门对协会的“充分信任的放权关系”，与先赋机制产生了交互促进作用。该交互促进作用进一步强化了协会在区域品牌建设的决策者角色和主导地位，强化了区域品牌建设的协会直接主导方式。

（6）引导学习机制

协会成立后，通过制定产业发展长期规划、品牌规划、发起成立“深圳市智能穿戴产业联合会”等一系列重大决策对产业和企业的发展予以引导，引导产业和区域品牌发展方向，引导企业因时因势学习，从而在协会和会员企业之间形成了引导学习机制。通过引导学习机制，在深圳钟表区域品牌建设主体社会结构中的协会和会员企业中嵌入了体现“创业创新引领”精神的地域和产业文化，也进一步强化了协会在区域品牌建设的决策者角色和主导地位，强化了区域品牌建设的协会直接主导方式。

7.4.1.3　深圳钟表区域品牌建设主体社会结构演化路径

图7-3描述了深圳钟表区域品牌建设主体社会结构的演化路径。

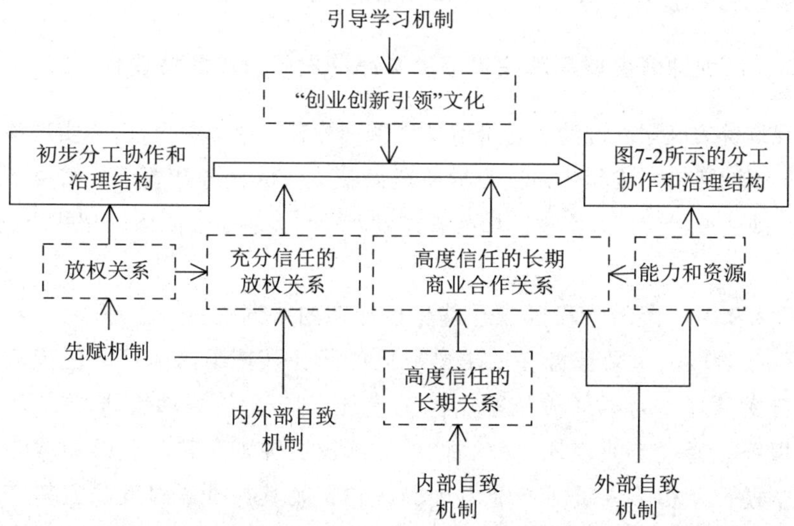

图7-3　深圳钟表区域品牌建设多主体分工协作和治理结构的形成路径

通过先赋机制，深圳市钟表行业协会成为先天赋予的区域品牌建设决策者和执行者，形成了初步的区域品牌建设主体社会结构，该结构确定了区域品牌建设的协会直接主导方式。

在形成初步主体社会结构的基础上，通过协会治理机制以及会员淘汰机制等内部自致机制，直接促进了协会和会员企业之间长期高度信任关系的形成。通过外部自致机制，使协会形成了相应的能力和资源，直接促进了协会和会员企业之间高度信任长期商业合作关系的形成。通过内外部自致机制之间的交互促进，进一步形成了高度信任的长期商业合作关系。高度信任的长期商业合作关系使协会和会员企业之间实现了协会作为区域品牌建设决策者角色和主导地位的外部自致，强化了区域品牌建设的协会直接主导方式。

通过先赋机制和内外部自致机制的相互促进，进一步强化了深圳市相关主管部门对协会的充分信任的放权关系。该关系的强化在协会和深圳市相关主管部门之间强化了协会作为区域品牌建设决策者角色和主导地位的先赋和自致，强化了区域品牌建设的协会直接主导方式。

通过引导学习机制，深圳钟表区域品牌建设主体社会结构中的协会和会员企业中嵌入了体现“创业创新引领”精神的地域和产业文化，也进一步强化了协会在区域品牌建设的决策者角色和主导地位，强化了区域品牌建设的协会直接主导方式。

7.4.2 深圳钟表区域品牌建设活动与品牌发展阶段的协调性

深圳钟表区域品牌的核心价值是“深圳钟表，领军中国”。为实现该核心价值，深圳钟表区域品牌建设不同阶段面临不同的任务和要求，需要不同的区域品牌建设活动，以实现区域品牌建设活动与品牌发展阶段的相互协调。

7.4.2.1 跟随阶段区域品牌建设活动的协调性

跟随阶段的主要任务和要求是形成产能，开拓国内市场，逐步从代工走向自主品牌。为了形成领军全国的产能，1988 年深圳钟表率先开展了产业规划。通过产业规划，前瞻性地提出发展钟表完整产业链的战略。这一战略提升了相关人员对产业发展的认知，尤其提升了对发展完整产业链的重要性认知。该产业规划促进了深圳钟表产业的供应链招商，促进了深圳钟表全产业链发展，并有力地促进了产业竞争力的形成。为了开拓国内市场，1990 年即开始举办中国（深圳）钟表展，并开办行业性杂志《深圳钟表 WATCH & CLOCK》；1991 年开始组团参加香港国际钟表展。为逐步实现从代工走向自主品牌，相继注册了天霸、飞亚达、天王、依波、星皇等 170 个自主品牌。

开办行业杂志《深圳钟表 WATCH & CLOCK》主要属于整合型活动，旨在传播地域文化和培育产业文化；其次属于适应型活动，旨在获得行业信息。跟随阶段的其他活动主要属于适应型活动，旨在从外部获取品牌建设所需开业资源、顾客资源、行业信息，并提升产业发展认知。总之，通过这些活动，深圳钟表产业和区域品牌得以快速发展，从产能、产业链完整配套性和自主品牌等方面实现了“深圳钟表，领军中国”的核心价值，使深圳钟表产业得以顺利完成数量扩张阶段，使区域品牌赢得了知名度。

7.4.2.2 拓展阶段区域品牌建设活动的协调性

拓展阶段的主要任务和要求是优化产能，开拓国际市场、做强自主品牌，创新产品。

为了优化产能，围绕微笑曲线的生产制造环节，在2002—2006年，相继创建了深圳市钟表研究院（2015年更名为深圳市钟表与智能穿戴研究院）、深圳市钟表质量检验中心、深圳市钟表技能鉴定所、深圳市钟表协会职业技能培训中心、中国钟表信息平台、中国钟表高峰论坛、深圳市钟表知识产权中心等平台。通过这些平台开展的活动，以及深圳市钟表行业协会依据治理机制开展的选举活动等属于维模型活动，旨在维持区域品牌建设有关质量、人才、知识产权等符合一定的规范和秩序，有利于维持品牌声誉，促进品牌健康平稳发展。协会依据治理机制开展的选举活动在维模的同时，还可以为将来开展内部资源的达标型活动做好基础，有助于内部资源的有效利用。通过这些活动的开展，促进了深圳钟表质量的提升，避免了“柠檬市场”和价格逐底现象的出现，从产品质量方面实现了“深圳钟表，领军中国”的核心价值，使得深圳钟表产业快速跨过质量提升阶段，使区域品牌赢得了美誉度。

为了开拓国际市场，围绕微笑曲线的营销端，从2007年至今，在持续举办中国（深圳）钟表展、组团参加香港国际钟表展之外，2007年开始组团参加瑞士巴赛尔世界钟表珠宝展，2016年开始组团参加德国慕尼黑钟表展，2017年开始参加一带一路时尚科技中国展团，并于2009年和2013年分别开办并面向全球发行行业性杂志《MOMENT时刻》和微信《MOMENT MEDIA时刻传播》。通过《MOMENT时刻》和《MOMENT MEDIA时刻传播》平台开展的活动主要属于整合型活动，旨在传播地域文化和培育产业文化；其次属于适应型活动，旨在获得行业信息。除了通过这些平台开展的活动外，通过其他平台开展的活动主要属于适应型活动，旨在从外部获取品牌建设所需顾客资源和行业信息，并提升产业发展认知。

为了做强自主品牌，创新产品，从2007年至今，围绕微笑曲线的研发创新端，深圳钟表建设了一系列平台。2009年开始创办产品设计中心；2014年开始开办时间谷“智＊汇”沙龙；2015年开始举办“合＊智”智能穿戴创新设计大赛和智慧时间众创空间；2016年开始举办钟表文化周以及@China钟表创新设计大赛。通过这些平台开展的活动，有力促进了产品创新，促进自主品牌做强做大。

通过创建上述围绕微笑曲线营销端和研发创新端的平台并开展一系列活动，深圳钟表产业集群避免了产业资本外移，产业快速进入创新竞争阶段，并且从产品创新和营销创新两方面实现了“深圳钟表，领军中国”的核心价值，使区域品牌不断赢得美誉度和忠诚度。

7.4.3 深圳钟表区域品牌建设模式构成模型和演化模型

综合前两小节的分析结果，可得图 7－4 所示的区域品牌建设模式构成模型及演化模型。深圳钟表区域品牌建设模式由包含品牌建设主导方式在内的主体社会结构、品牌核心价值、品牌建设阶段、品牌赢得活动和资格活动等要素构成。就区域品牌赢得活动和资格活动、决策者主导方式两个维度而言，深圳钟表区域品牌建设模式验证了基于理论分析提出的区域品牌建设模式构成模型。但是，深圳钟表区域品牌建设模式用品牌核心价值替代了理论模型中的战略和战术相结合的区域品牌建设理念。

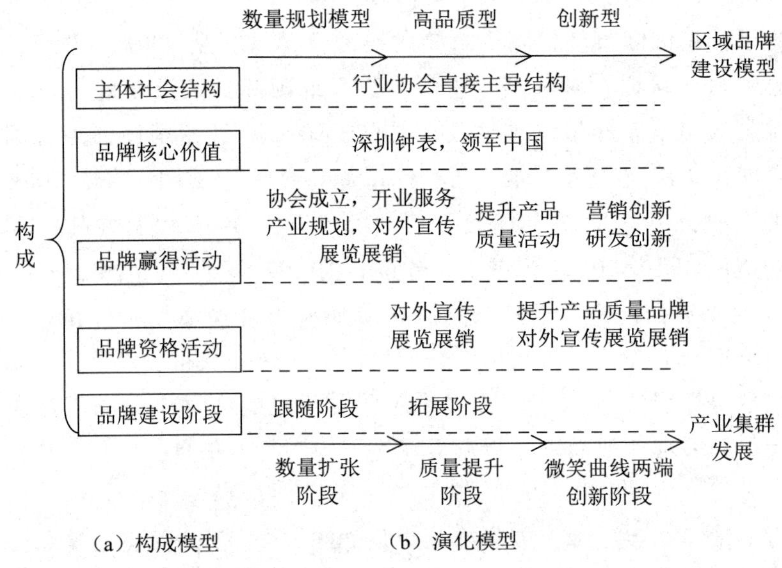

图 7－4 深圳钟表区域品牌建设模式构成模型和演化模型

在深圳钟表区域品牌发展的过程中，区域品牌建设模式经历了两次演化：从跟随阶段的数量规模型区域品牌建设模式，演化为拓展阶段早期的高品质型区域品牌建设模式，再演化到拓展阶段后期的创新型区域品牌建设模式。三个模式分别发生在深圳钟表产业集群发展的数量扩张阶段、质量提升阶段和微笑曲线两端的创新阶段。

三个模式的区域品牌建设主体社会结构如图7－2所示，都是深圳市钟表行业协会直接主导型，没有差异。三个模式的品牌核心价值都是“深圳钟表，领军中国”，也没有改变。但是，三个模式在品牌赢得活动和资格活动方面都存在显著区别。

对于跟随阶段的数量规模型区域品牌建设模式，品牌赢得活动有协会成立、产业规划、开业服务、包括举办中国（深圳）钟表展、开办行业性杂志《深圳钟表 WATCH & CLOCK》、组团参加香港国际钟表展等在内的对外宣传展览展销活动。

对于拓展阶段早期的高品质型区域品牌建设模式，在跟随阶段的品牌赢得活动成为了品牌资格活动，其中包括举办中国（深圳）钟表展、开办行业性杂志《深圳钟表 WATCH & CLOCK》、组团参加香港国际钟表展等对外宣传展览展销活动；赢得活动则是通过创建深圳市钟表研究院、深圳市钟表质量检验中心、深圳市钟表技能鉴定所、深圳市钟表协会职业技能培训中心、中国钟表信息平台、中国钟表高峰论坛、深圳市钟表知识产权中心等平台开展的活动，这些活动旨在提升产品质量。

对于拓展阶段后期的创新型区域品牌建设模式，在跟随阶段的品牌赢得活动和拓展阶段早期的旨在提升质量的品牌赢得活动都成为了资格活动，赢得活动则是依托微笑曲线营销端和研发创新端创建的平台而开展的系列活动。

通过上述两次演化，深圳钟表区域品牌形成了当前以“公共服务体系齐并全治理规范”为特色的行业协会主导型区域品牌建设模式。该模式的总体特点是，围绕“深圳钟表，领军中国”的区域品牌核心价值，深圳市钟表行业协会主导并市场化运作，以协会会员企业为主体，通过协会民主选举、内部规范治理，建立体系齐全的公共服务，引导产业“国际化、品牌化、时尚化”发展，建设深圳钟表区域品牌。

总之，如图7－4所示，深圳钟表区域品牌建设模式两次演化过程中都维持建设主体社会结构不变，不但可以降低演化成本，减少演化时间，而且可以提升演化效率，加快区域品牌建设。两次演化过程中都维持品牌核心价值不变，可以使区域品牌个性得以延续。两次演化过程中品牌赢得活动和资格活动都发生了改变，则可以使品牌建设活动与品牌发展、产业发展相协调，促进区域品牌发展。可见，上述演化特点从侧面验证了区域品牌建设模式构建模型。

7.5 深圳钟表区域品牌建设机理

深圳钟表区域品牌建设机理在品牌发展不同阶段有共性，也有差异。本节将分阶段加以阐述。

7.5.1 深圳钟表跟随阶段区域品牌建设机理

如图 7－5 所示，跟随阶段区域品牌建设机理包括两条路径及 2 条路径间形成的相互促进相互协调的 2 个闭环以及各路径上的影响因素。

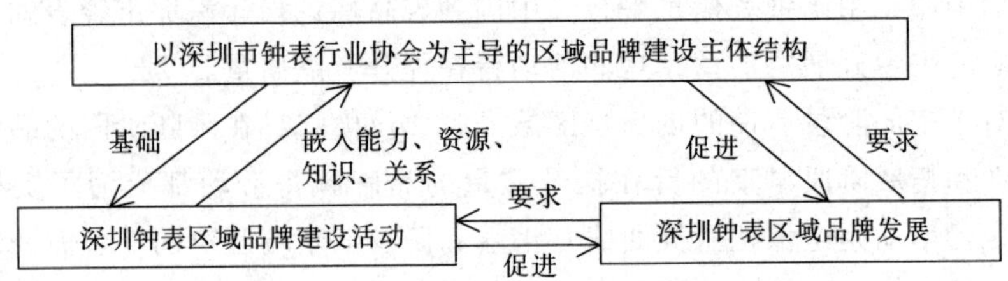

图 7－5 深圳钟表跟随阶段区域品牌建设机理

第一条路径是“品牌发展需求—主体社会结构—活动—主体社会结构”。具体路径是“产业和区域品牌发展对品牌建设主体社会结构和建设活动提出要求—为满足要求构建并强化以协会为主导的品牌建设主体社会结构—为满足要求实施相关的品牌建设活动—通过活动嵌入相关资源、能力和相互信任到主体社会结构并强化以协会为主导的品牌建设主体社会结构”。

跟随阶段的早期，大量企业落户，急需成立中介机构为企业提供落户开业服务，同时为政府相关部门减负。在此背景下，深圳市人民政府工业办公室批复成立了深圳市钟表行业协会。从批文中关于协会的宗旨和五项基本任务可以看出，深圳市钟表行业协会通过制度性赋权初步获得区域品牌建设的决策者地位。

在初步获得决策者地位后，协会开展了深圳钟表产业发展规划，并为企业开展了一系列事务性服务工作。通过这些工作，促进了企业的快速落户、及时生产，促进了招商引资，促进了产业生产能力的发展。随着产业的进一步发展，产业生产能力得到提升，区域品牌发展面临扩大市场影响力提升销售能力的共性问题。为解决这些共性问题，协会牵头开始举办中国（深圳）钟表展，开办行业杂志《深圳钟表 WATCH & CLOCK》、组团参加香港国际钟表展。通过这些活动，协会形成了 3 个产业服务公共平台，嵌入了相应能力和资源，获得了会员企业和政府相关部门的信任。能力和资源的嵌入以及获得的信任，通过自致途径进一步强化了协会在深圳钟表区域品牌建设中的主导地位，发展了以协会为主导地位的区域品牌发展主体社会结构。

由上可知，第一条路径从产业和区域品牌发展需要出发，构建了以协会为主导的品牌建设主体社会结构，通过实施品牌建设活动嵌入相关能力、资源和主体间的相互关系，从而进一步强化了协会的主导地位和主体社会结构。可以看出，第一条路径体现了以市场为中心、以产业发展为中心的理念，具有市场驱动的特点。这条路径上的主要影响因素有产业和品牌发展要求、资源、能力、信任、决策者地位、主导地位获取和强化机制。

第二条路径是“主体社会结构—活动—品牌发展”。这条路径包括两方面内容：一是具有良好秩序的主体社会结构直接促进品牌发展。以协会为主导地位的区域品牌建设主体社会结构不但具有产业服务公共平台，而且嵌入了相应能力和资源，获得了会员企业和政府相关部门信任，具有良好的秩序关系，可以在潜在投资者和消费者心中提升区域品牌的形象，从而促进区域品牌发展。二是具有良好秩序的区域品牌建设主体社会结构通过开展品牌建设活动促进品牌发展。具有良好秩序关系的主体社会结构是品牌建设活动的基础，有助于开展品牌建设活动。通过钟表展和行业杂志等活动，促进产业从外部获取客户资源和行业信息，传播了区域和产业文化。所有这些可以扩大潜在投资者和顾客在数量和地域的规模，提升潜在投资者和顾客的质量。

总之，第二条路径是“嵌入能力、资源和相互信任关系的以协会为主导的品牌建设主体社会结构—该结构具有良好的秩序关系有助于客体对该结构形成良好形象—该结构是品牌建设活动的基础，有助于开展品牌建设活动—活动可以从外部获取客户资源和行业信息，传播区域和产业文化，促进客体数量和质量的提升，促进客体对区域品牌形成良好形象—客体数量和质量的提升及良好形象可以促进区域品牌发展”。可以看出，第二条路径体现了基于资源和基于能力的观点。这条路径上的主要影响因素有产业文化、资源、能力、信任等。

综合上述两条路径和影响因素，可得如图 7－5 所示的跟随阶段区域品牌建设机理。这两条路径形成了一个相互促进、相互协调的 2 个闭环。一个是由“以深圳市钟表行业协会为主导的品牌建设主体社会结构”和“深圳钟表区域品牌发展”构成的闭环。该闭环说明“以深圳市钟表行业协会为主导的品牌建设主体社会结构”和“深圳钟表区域品牌发展”两者之间可以相互促进和相互约束。深圳钟表跟随阶段的实践表明，两者可以相互促进，形成良性循环，促进区域品牌发展。第二个闭环是由“以深圳市钟表行业协会为主导的品牌建设主体社会结构”“深圳钟表区域品牌建设活动”和“深圳钟表区域品牌发展”构成的闭环。该闭环说明“以深圳市钟表行业协会为主导的品牌建设主体社会结构”“深圳钟表区域品牌建设活动”和“深圳钟表区域品牌发展”三者之间的相互促进和相互约束。深圳钟表跟随阶段的实践表明，三者可以相互促进，形成良性循环，促进区域品牌发展。总之，由这 2 个闭环可以看出，深圳钟表跟随阶段的实践表明，深圳钟表区域品牌发展的要求促进了建设主体社会结构的发展，促进了建设活动的开展；主体社会结构的发展和建设活动的开展，又促进了品牌发展，并进一步提出新的要求。

由上可以看出，除命题 1 没有验证和影响因素有不同之外，区域品牌建设机理价值网模型得到了深圳钟表跟随阶段区域品牌建设机理的验证。

7.5.2 深圳钟表拓展阶段区域品牌建设机理

拓展阶段的区域品牌建设机理和跟随阶段区域品牌建设机理类似，都包括 2 条路径及 2 条路径间形成的相互促进相互协调的 2 个闭环，以及各路径上的影响因素。第一条路径都是“品牌发展需求—主体社会结构—活动—主体社会结构”。第二条路径是“主体社会结构—活动—品牌发展”。2 个闭环都是由“以深圳市钟表行业协会为主导的品牌建设主体社会结构”和“深圳钟表区域品牌发展”构成的闭环以及由“以深圳市钟表行业协会为主导的品牌建设主体社会结构”“深圳钟表区域品牌建设活动”和“深圳钟表区域品牌发展”构成的闭环。影响因素都有产业和品牌发展要求、资源、能力、信任等。但是，也有三方面不同。

一是跟随阶段的第一条路径有协会主导地位的制度性赋予，拓展阶段只有自致性的强化。相应地，跟随阶段的第一条路径上的影响因素包括决策者地位主导地位先赋机制，而拓展阶段没有。

二是品牌发展要求的不同。跟随阶段主要是形成产能，开拓国内市场，逐步从代工走向自主品牌。拓展阶段主要是优化产能，开拓国际市场、做强自主品牌，创新产品。

三是开展的活动类型和数量显著不同。拓展阶段增加了 24 个产业服务平台，形成了“产业推广、技术创新、信息研究、公益基金”4 大体系活动。

由上述异同可见，除命题 1 没有验证和影响因素有不同之外，区域品牌建设机理价值网模型得到了深圳钟表拓展阶段区域品牌建设机理的验证。

7.6 本章小结

本章从区域品牌建设现状、建设主体、建设平台与活动等方面，对行业协会主导的深圳钟表区域品牌建设进行了案例描述；对深圳钟表区域品牌建设模式演化、建设机理进行了案例分析。

（1）深圳钟表区域品牌建设现状

深圳钟表产业是深圳市政府积极扶持的优势传统产业，是深圳时尚产业的重要组成，产业国内绝对领先并具国际影响力。深圳钟表区域品牌已经得到行业认可，具有全国性区域品牌特点。钟表产业链长，分工精细，深圳钟表企业分散于各环节，具有健全的产业链，并且产业链各环节都极具专业性，具有区域品牌建设的内在要求。深圳钟表在工艺、设备、消费者和年轻设计师等方面和瑞士钟表相比，已经没有显著差异，具备了打造世界性区域品牌建设的内在条件。

（2）深圳钟表区域品牌建设主体社会结构现状和演化

目前，深圳钟表区域品牌建设主体有：作为决策者和执行者的深圳市钟表行业协会、作为辅助执行者的协会会员企业、作为评估者的深圳市相关主管部门和作为被评估者的深圳市钟表行业协会。

深圳钟表区域品牌建设主体社会结构在分工方面的显著特点是：行业协会主导并市场化运作，以协会会员企业为主体共建区域品牌。在协调和治理方面具有三方面显著特点：政府相关部门充分授权并作为评估者，在对协会给予有限资源支持的情况下，协会能充分市场化集聚资源和能力，市场化运作，有效开展区域品牌建设活动。协会通过嵌入能力和资源，为会员企业提供有价服务，并依据协会治理机制和会员淘汰机制，在协会和会员企业之间形成高度信任的长期商业合作关系。在协会和会员企业中，普遍嵌入体现“创业创新引领”精神的地域和产业文化，该文化能引领产业和区域品牌发展，为产业发展和区域品牌建设活动指明目标和方向。

深圳市人民政府工业办公室基于充分授权的市场化机制，通过先赋方式，使深圳市钟表行业协会成为区域品牌建设的决策者和执行者，初步奠定深圳钟表区域品牌建设的协会直接主导方式。在此基础上，通过下述四种途径进一步强化了该方式：基于协会治理机制和会员淘汰机制，通过内部自致方式；协会在产业规划、品牌规划、品牌营销、产业集聚地等涉及区域品牌建设的众多领域制定并实施了一系列重大决策，通过外部自致方式；通过先赋机制和自致机制的相互促进；通过引导学习机制，在协会和会员企业中嵌入体现“创业创新引领”精神的地域和产业文化。

（3）深圳钟表区域品牌建设活动及与发展阶段的协调性

目前，深圳钟表有 27 个产业服务公共平台，可以提供产业推广、技术创新、信息研究、公益服务等 4 方面的区域品牌建设活动。深圳钟表区域品牌建设大致经历了跟随和拓展两个阶段。

跟随阶段的主要任务和要求是形成产能，开拓国内市场，逐步从代工走向自主品牌。主要活动有成立协会、开展产业规划、提供开业服务、举办包括中国（深圳）钟表展、开办行业性杂志《深圳钟表 WATCH & CLOCK》、组团参加香港国际钟表展等在内的对外宣传展览展销工作。

拓展阶段的主要任务和要求是优化产能，开拓国际市场、做强自主品牌，创新产品。除了继续跟随阶段的主要活动外，拓展阶段增加了 24 个产业服务平台，形成了“产业推广、技术创新、信息研究、公益基金”4 大体系平台和相应的区域品牌建设活动。

两个阶段的任务和活动之间都具有协调性，并且都与区域品牌核心价值“深圳钟表，领军中国”相协调。

（4）深圳钟表区域品牌建设模式的构成和演化

深圳钟表区域品牌建设模式由包含品牌建设主导方式在内的主体社会结构、品牌核心价值、品牌建设阶段、品牌赢得活动和资格活动等要素构成；并且要素之间具有协调关系。该模式在区域品牌赢得活动和资格活动、决策者主导方式两个维度验证了基于理论分析的区域品牌建设模式构成模型。但是，用品牌核心价值替代了理论模型中的战略和战术相结合的区域品牌建设理念。

深圳钟表区域品牌建设模式经历了两次演化：从跟随阶段的数量规模型区域品牌建设模式，演化为拓展阶段早期的高品质型区域品牌建设模式，再演化到拓展阶段后期的创新型区域品牌建设模式。三个模式分别发生于深圳钟表产业集群发展的数量扩张阶段、质量提升阶段和微笑曲线两端创新阶段。两次演化过程中，区域品牌建设主体社会结构和品牌核心价值都维持不变，但品牌赢得活动和资格活动都有显著改变。通过两次演化，现阶段形成了以“公共服务体系齐全并治理规范”为特色的行业协会主导型区域品牌建设模式。这些演化特点从侧面验证了区域品牌建设模式构建模型。

（5）深圳钟表区域品牌建设机理

深圳钟表区域品牌建设机理在跟随和拓展两个阶段存在相同点和差异。相同点是：都包括由 2 条路径及 2 条路径间形成的相互促进相互协调的 2 个闭环，以及各路径上的影响因素；并且第一条路径都是“品牌发展需求—主体社会结构—活动—主体社会结构”；第二条路径是“主体社会结构—活动—品牌发展”；2 个闭环都是“以深圳市钟表行业协会为主导的品牌建设主体社会结构”和“深圳钟表区域品牌发展”构成的闭环以及由“以深圳市钟表行业协会为主导的品牌建设主体社会结构”“深圳钟表区域品牌建设活动”和“深圳钟表区域品牌发展”构成的闭环。影响因素都有产业和品牌发展要求、资源、能力、信任等。不同点是：跟随阶段的第一条路径有协会主导地位的制度性赋予，拓展阶段只有自致性的强化；跟随阶段的第一条路径上的影响因素包括决策者主导地位先赋机制，而拓展阶段没有；品牌发展要求、开展的活动类型和数量也显著不同。总之，除命题 1 没有验证和影响因素有不同之外，区域品牌建设机理价值网模型得到了深圳钟表两个阶段区域品牌建设机理的验证。

第 8 章

地方政府主导型区域品牌建设模式演化和机理案例研究

本章将以古镇灯饰为例，从区域品牌建设现状、建设主体、建设平台与活动等方面，对地方政府主导型区域品牌建设进行案例描述；通过古镇灯饰区域品牌建设模式演化和机理分析，验证区域品牌建设模式构成模型、区域品牌建设机理价值网模型、区域品牌建设模式构建模型。

8.1 古镇灯饰区域品牌建设现状

8.1.1 特而强的全球灯饰源产地

古镇位于广东省中山市西北，是中山、江门、佛山三市的交汇处，毗邻港澳。改革开放以来，古镇大力发展灯饰业，形成了以古镇镇为核心，辐射周边 3 市 11 镇区，年销售额超千亿元的灯饰产业集群，拥有很完整的产业链和价值链。已成为世界四大灯饰专业市场之一，也是国内最大的灯饰专业生产基地和批发市场。

全镇工商户超 3 万家，灯饰及相关配套企业占全镇制造业总数的

80%，灯饰产业是古镇镇唯一的主导产业。据中国照明电器协会 2015 年统计，古镇灯饰业总产值 176.6 亿元，灯饰销量占国内灯饰市场的 70% 以上；灯饰产品出口总额 3.7 亿美元，出口到 130 多个国家和地区。

古镇灯饰产业高度聚集，以众多的中小微企业为主，产业链成熟完整，无"断链"和"孤链"现象。产业重点企业有，欧普照明电器（中山）有限公司、中山市华艺灯饰照明股份有限公司、中山市胜球灯饰集团有限公司、中山市琪朗灯饰厂有限公司、中山市两益照明有限公司。

古镇灯饰拥有中国驰名商标 3 个，广东省名牌产品 7 个，广东省著名商标 12 个，名牌名标总量达到 22 家。华艺灯饰照明股份有限公司为国家出口一类企业；琪朗灯饰厂有限公司、欧普照明股份有限公司通过了国家出口免验企业评定。

古镇灯饰产业具有"一全两多三发达"特点。一全是灯饰产业公共服务平台多，有 8 大类 32 个平台。两多是商会协会多和行业媒体多，具有包容开放、万商云集、信息快速交流的优势。三发达是产业配套分工发达、物流发达、金融业发达（全镇有 18 家银行分支机构），具备留住人才和资源的优势。

8.1.2　古镇灯饰区域品牌发展现状

2002 年古镇镇被中国轻工业联合会、中国照明电器协会联合授予"中国灯饰之都"荣誉，并多次顺利通过复评验收。2005 年被广东省经贸委认定为"第一批产业集群升级示范区"。2007 年被国家科技部认定为"国家火炬计划特色产业基地"。2011 年被国家工业和信息化部认定为"国家新型工业化产业示范基地"。2013 年 12 月，被商务部认定为"国家外贸转型升级专业型示范基地"。2016 年，古镇以灯饰为特色获评首批中国特色小镇。2018 年 12 月，古镇成为第四批国家级"市场采购贸易方式试点区"。

由上述荣誉可见，古镇灯饰区域品牌已经得到行业认可，具有全国性区域品牌特点，是国家工业和信息化部区域品牌建设试点和示范。

8.1.3　古镇灯饰建设区域品牌的先天要求和条件

从产业链看，灯饰产业链长，分工精细，企业分散于各环节，需要各企业间加强合作，提升产业链各环节的紧密度。此外，古镇镇工商户超 3 万家，绝大多数企业是中小企业，单个企业体量普遍较小。这些特点对区域品牌建设提出了先天要求。

现阶段，古镇灯饰具有健全的产业链，并且产业链各环节都极具专业性，在技术上具有深厚底蕴，各环节所供产品不但质量好而且具有价格优势。这些特点使得古镇灯饰能应对快速多变和多元化的灯饰产业市场需求和产业技术变革。无论企业开发何种类别的灯饰新品，都能在古镇找到产业链上各环节的合作者。当地文化具有包容创新特点，尤其是镇政府对产业内的新事物新方法，都给予鼓励支持，从而有利于快速多变和多元化的灯饰产业发展，有利于区域品牌发展。因此，古镇灯饰已经具备了打造世界性区域品牌建设的内在条件。

8.2 古镇灯饰区域品牌建设主体现状

目前，古镇灯饰区域品牌建设主体主要有镇政府、镇党政相关部门（经信委、宣传办、党政办……）及镇属公司（古镇镇生产力促进中心）、公共服务平台共建单位（广东天圣高科股份有限公司、国家灯具质量检验中心（中山）……）、行业中介组织（工商联、商会、协会），以及灯饰各类企业。这些主体中最为突出也最具特色的是古镇镇生产力促进中心及其下属的中国中山（灯饰）知识产权快速维权中心。

8.2.1 古镇镇生产力促进中心

为提升中小微企业技术研发水平和改善灯饰产业业态，参照香港做法，古镇镇政府于2010年9月组建了镇属非营利性机构“古镇镇生产力促进中心”。该中心的愿景是“为灯饰创意经济的发展注入源源不断的动力”。采取“创新推动为使命；重点领域为突破；拓展普惠式”的策略，围绕“创新”和“服务”两大主线，以古镇镇为核心，面向珠三角地区、服务灯饰全产业链。特别立足灯饰产业实际情况，整合中小微企业共性需求，推动落实各项科技发展政策，协助企业对接科技资源，推动“产学研”充分结合，进而优化区域产业结构，提升灯都古镇的龙头牵动作用。

古镇镇生产力促进中心下辖8类32个实体服务平台。8类平台包括创新设计、技术服务、创业孵化、互联网 +、诚信服务、众创金融、外贸服务、区域品牌推广。通过这 8 类平台，该中心可以提供一站式解决方案服务。服务功能覆盖灯饰设计、生产、营销、融资等各个环节。

生产力促进中心采取多种运作模式与灯饰产业公共服务平台共建单位建立 32 个实体平台。其中最典型的平台是中国中山（灯饰）知识产权快速维权中心。

8.2.2　中国中山（灯饰）知识产权快速维权中心

对于灯饰产业，一方面，侵权调查和取证的时间周期长，难度大，诉讼流程复杂，另一方面，灯饰产品生命周期短，一旦出现诉讼，等胜诉完毕后灯饰产品生命周期早已结束，出现原创设计产品的寿命比诉讼维权周期要短的现象，从而使诉讼失去现实意义。类似地，也会出现原创设计产品的寿命比行政维权周期要短的现象。在此状况下，周而复始，日复一日，易于形成“原创设计成本高—产品生命周期短—维权过程复杂—侵权成本比较低—原创设计企业不愿再投入创新”的恶性循环，阻碍灯饰产业和区域品牌发展。

为避免恶性循环，针对“取证难，周期长、诉讼烦，成本高”的上述问题，经国家知识产权局批复同意，2011 年 6 月 16 日在古镇成立了中国中山（灯饰）知识产权快速维权中心。该中心是全国首个知识产权快速维权机构，构建了专利快速授权、快速维权、快速协调三大快速通道。

维权中心围绕古镇灯饰产业需求，整合广州知识产权法院中山诉讼服务处、中山法院知识产权巡回审判庭、中山海关知识产权保护工作室、广东省版权基层工作站、中国广州仲裁委员会中山商事调解中心等资源，全面开展专利快速申请、快速维权、专利信息运用和管理、版权登记等知识产权服务工作，为古镇灯饰产业构建了一个集专利申请、维权援助、行政执法、仲裁调解、司法诉讼于一体的知识产权综合服务平台，并在全国率先建立“中国专利电子审批系统”（E 系统）和“中国外观设计专利智能检测系统”（D 系统）。通过 E 系统和 D 系统，可以使灯饰外观设计专利申请授权时间从 1 年缩短到 10 个工作日内（获得电子证书），从而为灯饰产品创新提供源源不断动力。2016 年古镇全镇专利申请量和授权量分别达到 9 194 件和 7 498 件，2018 年已经突破 10 000 件，成为“万件专利强镇”。

8.3 古镇灯饰区域品牌建设平台与活动现状

古镇灯饰现阶段共有8类32个区域品牌建设平台。通过这些平台可以开展创新设计、技术服务、创业孵化、“互联网+”、诚信、众创金融、外贸、品牌推广等8大类区域品牌建设活动。

8.3.1 创新设计和技术服务平台和活动

创新设计类平台有中国照明电器协会专业委员会、中山（灯饰）知识产权快速维权中心、设计研发协同创新中心、灯饰照明创新设计中心、古镇意创三维科技有限公司等5个实体平台。通过这些平台，设立了“国际灯饰设计师俱乐部”；每年至少举办两场灯饰设计类活动。开展专利快速授权和快速维权活动；打造开源型协同创新服务生态链，提供灯饰设计、灯光设计、空间设计、视觉传达、创意视频以及创新技能培训等创意服务；提供从产品概念，到产品设计，到品牌包装、终端呈现等端到端的一站式贯通创新服务。提供知识产权营运服务，通过知识产权转让、许可和展示，为企业提供原创设计作品和定制化设计。提供3D打印快速成型服务，实现企业的数字化保存、创意设计和研发样品的快速成型、个性化定制和小批量生产、磨具开模等业务。

技术服务类平台有广东天圣高科技股份有限公司、国家灯具质量监督检验中心（中山）、华艺灯饰集团国家灯具检测实验室、中山出入境检验检疫局古镇办事处、中山大学（古镇）半导体照明技术研究中心等5个实体平台。通过这些平台，开展系列产业共性和关键性技术研发活动，可以弥补单个企业检测能力和研发能力不足的问题，可以为企业提供产品研发中需要的检测、认证、技术咨询，提升创新研发能力。

8.3.2 企业孵化和众创金融及诚信服务平台和活动

企业孵化平台有古镇镇人民政府与中山职业技术学院联合筹建的以培养灯饰产业高技能人才为核心的古镇灯饰学院。该学院针对灯饰产业，开设设计与工艺、产品设计和灯具、电子商务等专业。企业孵化平台还有灯都青年创业孵化基地和“灯配天下众创空间”省级企业孵化器。

众创金融服务平台有众创金融街、东莞证券和中山古镇南粤村镇银行股份有限公司。众创金融街整合了投融资、创业孵化、科技研发等方面的社会资源，可以加快创新创业资源集聚，推动金融、科技和产业的有效创新融合，从而引领企业成长。

诚信服务平台有中山市绿盾征信服务有限公司和广东灯都律师事务所。通过诚信服务平台，以完善信贷、纳税、合同履约、产品质量的信用记录为重点，打击企业失信行为，防范和化解企业金融风险、促进区域金融稳定和发展，营造公平诚信的市场环境，维护正常的社会经济秩序。

8.3.3　外贸服务和品牌推广及互联网+平台和活动

外贸服务共建平台有中山市佳鑫进出口有限公司、中山市华讯商务服务有限公司、广东天圣高科股份有限公司、广贸天下网、中山市新航进出口有限公司、中山市枫岭进出口有限公司、中山市金日经贸发展有限公司、中山市奥柏进出口有限公司等实体平台。这些平台可以为古镇企业提供专业、全面的进出口、会展、外贸培训、跨境电商、外贸认证、外商对接等服务。

品牌推广平台有中山市照明电器行业协会、中山市古镇镇工商业联合会、古镇镇青年企业家协会、中山市古镇镇女企业家协会、古镇灯饰报社、灯文化博物馆、琪朗国际灯饰集团研发展示中心。

互联网+平台有中山市人文网络科技股份有限公司、广东灯灯网科技有限公司、中山市世联供应链管理有限公司、中山市中港网络科技有限公司、中山市网丁信息科技有限公司等5个实体平台。通过这些平台，可以为企业提供外包托管、线上推广、电子支付等电商支撑活动。

8.4 古镇灯饰区域品牌建设模式现状及演化

8.4.1　古镇灯饰区域品牌建设主体社会结构现状及演化

8.4.1.1　古镇灯饰区域品牌建设主体社会结构现状及特点

关于古镇灯饰区域品牌建设主体社会结构的现状简单介绍如下：

图 8－1 描述了古镇灯饰区域品牌建设主体社会结构现状。

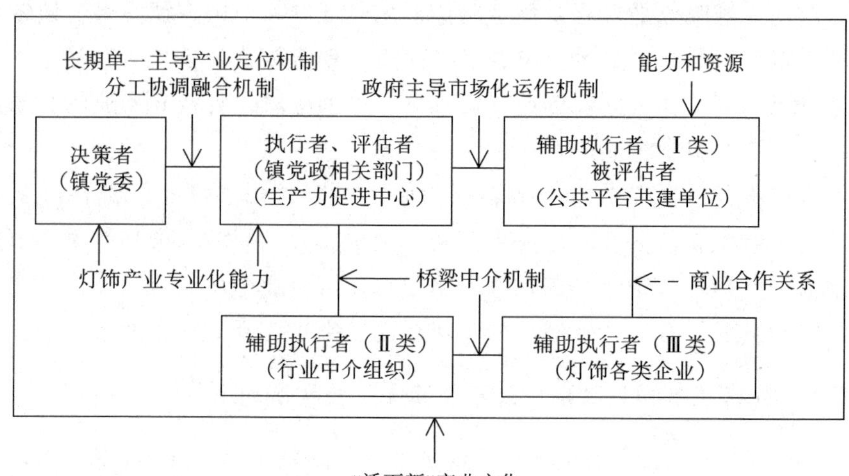

图 8－1　古镇灯饰区域品牌建设主体社会结构现状

从角色看，古镇灯饰区域品牌建设主体有决策者、执行者、三类辅助执行者、评估者和被评估者。决策者是古镇镇人民政府，是古镇灯饰产业和区域品牌建设重大决策的制定者。例如，为促进古镇灯饰产业和区域品牌发展，镇人民政府在 2001 年提出必须将技术创新与产业发展相结合的发展战略，并在当年出台了《古镇专业镇技术创新发展规划》。在 2002 年和 2005 年两次出台了《古镇灯饰产业发展战略》。执行者有古镇镇党政相关部门（经信委、宣传办、党政办……）和古镇镇生产力促进中心。第一类辅助执行者是公共服务平台共建单位（广东天圣高科股份有限公司、国家灯具质量检验中心（中山）……）；第二类辅助执行者是行业中介组织（工商联、商会、协会）；第三类辅助执行者是古镇各类灯饰企业。评估者主要是古镇镇生产力促进中心；被评估者主要是第一类辅助执行者。从地位看，古镇镇政府是区域品牌建设的主导者，处于品牌建设的核心。

从关系看，执行者为第一类辅助执行者提供优惠条件；第一类辅助执行者接受执行者的指导和评估，为第三类辅助执行者开展市场化服务。其中，古镇镇生产力促进中心负责落实产业服务平台的规划建设工作，引导、协助和评估包括研发设计、检测认证、金融服务、知识产权维权、行业资讯、商务服务、品牌孵化等在内的产业服务平台实体的运作。第二类辅助执行者配合执行者，与第三类辅助执行者共同开展区域品牌建设活动。其中，工商联、商会、协会等负责发动企业配合党政相关部门开展各类活动，包括规范行业标准，创新品牌运营，推进国际合作与交流，扩大品牌影响力。同时执行者也支持第二类辅助执行者组团参与国内外专业会展等推广或交流活动。

而古镇灯饰区域品牌建设主体社会结构的特点如下：

就如何分工而言，古镇灯饰区域品牌建设主体社会结构的显著特点是：地方政府主导，专营公司市场化运作，平台建设单位和行业中介组织协同，各类企业为主体共建区域品牌。其中的专营公司是生产力促进中心。

就如何协同和治理而言，古镇灯饰区域品牌建设主体社会结构具有四方面显著特点：一是镇人民政府和相关部门通过嵌入长期单一主导产业机制并嵌入灯饰产业专业化能力，使得全镇能够长期聚焦灯饰产业和区域品牌建设；二是专营公司和公共服务平台共建单位之间嵌入政府主导市场化运作机制，使得专营公司能够市场化聚集资源并有效实施区域品牌建设；三是通过专营公司的指导和评估，公共服务平台共建单位能够通过市场化运营为各类企业提供企业真正需要的有价值的品牌建设服务；四是通过行业中介组织的中介作用，牵头并鼓励各类企业参与区域品牌建设活动。通过这四方面的特点，古镇灯饰区域品牌建设各主体间实现了分工下的有效协同合作和治理。

8.4.1.2　古镇灯饰区域品牌建设主体社会结构演化机制

在决策者和执行者中嵌入了“长期单一主导产业定位机制”。20 世纪 80 年代初，古镇灯饰产业初创时，镇人民政府经过分析认为“人类有一半时间处于黑夜，灯饰产业具有广阔的市场，很有发展前景”，从而形成了“集中发展灯饰产业” 的共识。该认识在古镇镇各届政府和相关部门一直得以坚持，形成了“长期坚持单一主导产业定位机制”，并嵌入到整个古镇镇党政机关。该机制的嵌入使得古镇能够专业化地持续集聚发展灯饰产业。

在执行者和第一类辅助执行者之间嵌入了“政府主导市场化运作机制”。该机制由生产力促进中心依据决策者制定的重大决策，通过提供专项基金或办公场地等优惠手段，从市场获得共建单位，创建公共服务平台，由平台为第三类辅助执行者提供市场化服务。生产力促进中心对所供服务的数量和质量进行半年或一年的定期和不定期评估考核，并依据评估结果确定是否继续合作。通过该机制，可以广泛聚集并利用社会资源使重大决策得以有效落地实施。

在执行者和第二类、第三类辅助执行者之间嵌入了“桥梁中介机制”。通过第二类辅助执行者，可以将执行者的相关政策加以传达和宣传到第三类辅助执行者，第二类辅助执行者起到政策传达宣传的作用。第二类辅助执行者还可以起到团结同乡，联系家乡政府，团结投资者等作用以及开展慈善等社会公益性工作，从而提升区域品牌形象。

通过“政府主导市场化运作机制”和“桥梁中介机制”的嵌入，实现了政府“有所为和有所不为”的目标，在“政府不干预企业经营”的同时，能有效解决市场难以解决的产业共性问题，有效解决产业内单个中小企业难以解决又必须解决的共性问题。

在决策者和执行者间嵌入了“分工协调配合机制”。镇政府制定重大决策；执行者执行计划。其中执行者包括镇党政相关部门和生产力促进中心。党政相关部门主要有党政办、宣传办、经信局。党政办负责统筹、监督和考核工作。宣传办负责宣传、推广、监测报道，协调处理负面和突发事件。经信局拟定具体目标并落实，监测分析产业运行态势。经信局的科技办负责技术开发和成果转化、行业标准、科技服务体系。经贸办负责产业结构调整和升级、市场运行和重要商品的供求。质监办负责宣贯标准、企业质保体系建设、监测处理质检质量问题。生产力促进中心负责产业发展服务平台的规划建设和监督运行。

在能力和资源方面，决策者和执行者中嵌入了“灯饰产业专业化能力”。在古镇有共识，不熟悉灯饰产业的领导和干部，不是好领导，也不是好干部，难以开展工作。第一类辅助执行者必须嵌入与其所供服务相适应的能力和资源，否则将难以从众多备选中选择成为公共服务平台共建单位。

在古镇灯饰产业从无到有、从小到大、从弱到强、从中山到世界、实现全球灯饰源产地区域品牌发展的过程中，形成了“活而新”的产业文化，深深地嵌入到了古镇灯饰产业的所有角色之中。“活而新”的产业文化源于产业发展历程的创新创业。“活而新”的产业文化融合了东西方灯饰文化，融合了灯光科技与文化艺术，彰显古镇灯都特色，赋予古镇灯都迷人灵气，焕发古镇灯都时尚魅力。

8.4.1.3　古镇灯饰区域品牌建设主体社会结构演化路径

古镇灯饰区域品牌建设大致经历了三个发展阶段。第一阶段是1980—1998 年的品牌建设基础阶段。第二阶段是 1999—2009 年的品牌建设拓展阶段。第三阶段是 2010 年至今的品牌建设升级阶段。图 8-2 给出了古镇灯饰区域品牌建设主体社会结构演化路径。

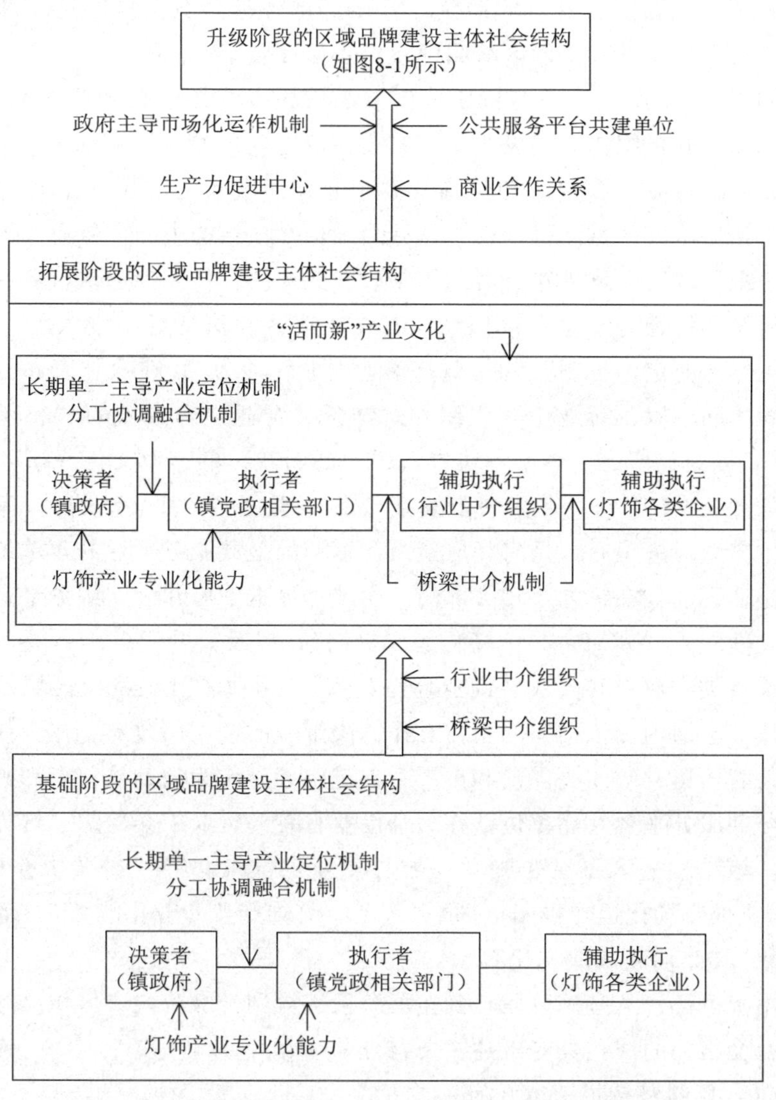

图 8-2　古镇灯饰区域品牌建设主体社会结构演化路径

如图 8－2 所示，基础阶段的区域品牌建设主体有镇人民政府、镇党政相关部门（经信委、宣传办、党政办……）、以及灯饰各类企业，没有镇属生产力促进中心和公共服务平台共建单位。此阶段的行业中介组织的作用也很有限。通过在镇人民政府、镇党政相关部门嵌入“长期单一主导产业定位机制”和“灯饰产业专业化能力”，镇人民政府成为古镇灯饰产业和区域品牌建设的决策者，镇党政相关部门（经信委、宣传办、党政办……）成为执行者；辅助执行者是灯饰各类企业，是区域品牌建设主体；从而形成基础阶段区域品牌建设主体社会结构。

如图 8－2 所示，在基础阶段区域品牌建设主体社会结构的基础上，引入行业中介组织作为建设主体，通过在镇党政相关部门和行业中介组织之间，以及行业中介组织和灯饰各类企业之间嵌入了“桥梁中介机制”，形成了拓展阶段区域品牌建设主体社会结构。该结构中的主体有作为决策者的镇人民政府，作为执行者的镇党政相关部门，作为辅助执行者的行业中介组织和灯饰各类企业。该结构有在决策者和执行者中嵌入的“长期单一主导产业定位机制”和“灯饰产业专业化能力”；在执行者和行业中介组织之间，以及行业中介组织和灯饰各类企业之间嵌入的“桥梁中介机制”；以及在所有主体中逐步嵌入的“活而新”的产业文化。

如图 8－2 所示，在拓展阶段区域品牌建设主体社会结构的基础上，引入生产力促进中心、具有相应能力和资源的公共服务平台共建单位作为建设主体，并且在镇党政相关部门、生产力促进中心和公共服务平台共建单位之间嵌入“政府主导市场化运作机制”、以及公共服务平台共建单位与灯饰各类企业之间嵌入“商业合作关系”，形成了升级阶段区域品牌建设主体社会结构。该结构的主体有作为决策者的镇人民政府，作为执行者和评估者的镇党政相关部门和生产力促进中心，作为辅助执行者和被评估者的公共服务平台共建单位，作为辅助执行者的行业中介组织、灯饰各类企业。该结构嵌入了“长期单一主导产业定位机制”“桥梁中介机制”“政府主导市场化运作机制”，也嵌入了“灯饰产业专业化能力”“商业合作关系”“活而新产业文化”。

由上可见，从基础阶段，到拓展阶段，再到升级阶段，区域品牌建设主体社会结构的演化具有下述主要特点。

（1）始终坚持古镇镇政府主导方式

两次演化过程中，始终坚持镇人民政府为古镇灯饰产业和区域品牌建设的决策者，坚持古镇镇人民政府主导方式。

（2）分工不断精细化和市场化

两次演化过程中，不断增加民营化和市场化组织作为区域品牌建设的执行者，不断引入市场化主体，使得分工不断精细化和市场化。

基础阶段，执行者仅有镇党政相关部门和灯饰各类企业；拓展阶段，增加了民营化的行业中介组织（工商联、商会、协会）；升级阶段，增加了市场化运作的古镇镇生产力促进中心，增加了提供不同类别服务的公共平台共建单位。

（3）协调机制、关系、能力和资源不断多元化

基础阶段的协调机制主要有“长期单一主导产业定位机制”和“灯饰产业专业化能力”。拓展阶段，增加了“桥梁中介机制”，逐步嵌入“活而新”产业文化。升级阶段，增加了政府主导市场化运作机制、商业合作关系、“活而新”产业文化。

8.4.2　古镇灯饰区域品牌建设活动与品牌发展阶段的协调性

古镇灯饰区域品牌的核心价值是“古镇灯饰源产地”。为实现该核心价值，古镇灯饰区域品牌建设不同阶段面临不同的任务和要求，从而开展了不同类型的区域品牌建设活动。

8.4.2.1　基础阶段区域品牌建设活动的协调性

基础阶段是古镇灯饰产业从无到有，集聚各类资源创办企业、不断扩大产能，初步形成全球灯饰产地的阶段。为实现“古镇灯饰源产地”区域品牌核心价值，基础阶段的主要任务是初步打造全球灯饰生产基地，使之具备品牌建设基础。为完成该任务，主要活动有工业立镇重大决策、灯饰主导产业定位决策、提供与营销及宣传有关的系列可视化服务等类别活动。改革开放之前古镇是个农业镇。改革开放初期，古镇依靠毗邻港澳的优势，主要从事进口家电、办公设备等贸易。20 世纪 80 年代初期，在古镇的海州片区逐步形成一条小规模的灯饰街，主要从广州和顺德进货在当地销售。之后出现零散的灯具作坊，代工生产变压器、整流器，品种单一、规模小。

1986 年古镇在全镇开展了“无农不稳、无工不富、无商不活”的大讨论后，古镇镇人民政府制定了“工业立镇”战略。在分析古镇当时初

具规模的建材产业时，认为其不具备战略优势、难以与佛山竞争、“做不过佛山”。于是，古镇果断地放弃建材产业，选择了具有广阔市场和发展前景的灯饰产业作为主导产业，形成“发展灯饰主导产业”的长远战略。

基于“古镇发展灯饰主导产业”战略，镇政府用经营城市的理念经营灯饰产业，用开放的思维欢迎五湖四海的客商来古镇发展灯饰产业。古镇开发了一条灯饰新街，开展了与营销及宣传有关的系列可视化服务活动，将海州片区的商户和工商企业吸引到古镇，逐步实现了集聚效应。经过 10 多年的发展，不断扩大产能，基本形成了全球灯饰生产基地，灯饰小街也发展成了“十里灯饰街”。

古镇灯饰区域品牌发展基础阶段的特点是“发现一小批；培养一大批，打造一产业”。发现一小批是发现了海州片区一小批从事灯饰的工商企业。通过实施“工业立镇”和“灯饰主导产业”战略，在古镇培养了一大批灯饰工商企业。通过实施“灯饰单一主导产业”战略，进而在古镇打造了灯饰产业。

基础阶段的工业立镇和灯饰主导产业定位等重大决策，提升了古镇镇所有人员对发展工业的认知，尤其提升了集中发展灯饰产业的重要性认知，属于适应型活动。与营销及宣传有关的系列可视化服务活动旨在从外部获取产业发展和品牌建设所需创业资源、顾客资源和行业信息，属于适应型活动。

8.4.2.2 拓展阶段的区域品牌建设活动的协调性

拓展阶段是古镇灯饰快速发展阶段。在基础阶段基本形成了全球灯饰生产基地的基础上，为实现“古镇灯饰源产地”区域品牌核心价值，拓展阶段的主要任务是扩大区域品牌知名度。为完成该任务所开展的主要活动有两类：提升产品质量和开拓市场。

提升产品质量的活动主要有成立运营质量检测检验和培训管理咨询中介机构、开展质量体系建设和认证、产品贯标和达标活动。质量检测检验中介机构方面，相继成立国家灯具质量监督检验中心（中山）、华艺灯饰集团国家灯具检测实验室、中山出入境检验检疫局古镇办事处。培训管理咨询中介机构方面，成立广东天圣高科技股份有限公司等平台，开展质量管理培训咨询活动。

拓展阶段，日本、韩国及欧美市场尤其是日、韩两国对灯饰产品的质量要求不断提高，要求灯饰生产企业达到质量体系认证标准、要求产品符合国际通用标准。我国从 2008 年开始实施灯具强制性国家标准；2009 年包括照明测量、城市夜景照明、建筑照明、城市轨道交通照明等系列照明标准规范出台并开始实施。在此背景下，古镇灯饰广泛开展了质量体系建设和认证、产品贯标和达标活动。至 2009 年，古镇灯饰近 300 多家灯饰生产企业通过了 ISO9002 质量体系认证、中国长城标志认证、美国 UL 认证、欧共体 CE 认证、加拿大 CUL 认证等。

拓展阶段，开拓市场的主要活动有会展服务、商贸平台服务、品牌联盟服务、外贸服务、互联网 + 服务等。其中最典型的是会展服务、商贸平台服务和品牌联盟服务。

古镇灯饰会展服务的重要平台是中国古镇国际灯饰博览会。1999 年在无硬件、无软件的条件下，古镇镇人民政府举全镇之力，以“让世界认识古镇，让古镇走向世界”为主题，在古镇主干道切头切尾留出中间一公里多的区域，露天举办了一场精心准备的高定位灯饰博览会。“这届博览会很成功”，吸引了来自 28 个国家和地区的 1 000 多位灯饰生产商参展；6 天的会展吸引超过 40 万人次参观；总成交合同 1 611 份。这届博览会成为古镇灯饰产业发展的里程碑，奠定了近 20 年古镇灯饰产业发展的基础。从 1999 年开始，灯饰博览会至今举办了 22 届，已经从首届的马路展会，到单纯中心展馆展览，再到主会场加大卖场联盟的“展店联动”办展模式，展览总面积达 150 万平方米，并升级为一年春秋（3 月、10 月）两展，覆盖全产业链全市场。春季展以灯饰内销为主；秋季展以灯饰外销为主。平均每届吸引国内外客商约 6 万人，古镇灯博会已经成为亚太地区最大灯饰专业展会，其影响力和权威性不断上升。灯博会主旨从第一届的“让世界认识古镇，让古镇走向世界”，到“引领潮流，照亮全球”，再到如今的“灯饰源产地，服务全球 60 亿人”的变化，反应了与时俱进的发展历程，充分体现了“古镇灯饰源产地”的区域品牌核心价值。创新的会展经济已经成为古镇灯饰产业发展的重要引擎。

商贸平台服务方面，古镇灯饰从 20 世纪 90 年代形成的“十里灯饰街”（沿街商铺经济），成功转型升级到以时代广场为标志和起点，再向“巨型专业 MALL”的演变。目前，全镇共建有灯饰卖场 300 万平方米。星光联盟、华艺广场、利和广场等，规模巨大，布局恢宏，设施先进。其中，星光联盟是全球最奢华的灯饰卖场；利和广场（80 万平方米）是最大的灯饰卖场。每年，全国灯饰照明经销商超百万人次造访古镇；每天，全球采购商近千人常驻古镇。

品牌联盟服务方面，古镇灯饰不断创新商贸营销模式，探索以品牌共享为基础的联盟机构建设，从而促进了企业抱团发展。其中，正式挂牌运营较成功的联盟机构主要有星光联盟、中国灯饰共享联盟、伟智灯饰品牌联盟等。这些联盟采取横向联合开拓市场的模式，通过整合上下游产业链，为促进行业发展做出了巨大贡献，赢得了行业的赞誉和尊重，形成了良好的口碑和品牌形象，极大地推动了古镇灯饰区域品牌建设。例如，中国灯饰共享联盟发起于2003年，2006年在古镇设立秘书处，是一个由国内灯饰超级经销商共同搭建的“交流、分享、合作、共赢”的平台。

拓展阶段开展的提升产品质量方面的活动，旨在接受外部标准和服务，并调动产业集群内部资源，从而达到一定标准，属于适应型活动和达标型活动。拓展阶段开展的商贸平台服务、会展服务、品牌联盟服务、外贸服务、互联网+服务，旨在从外部获取产业发展和品牌建设所需顾客资源、行业信息，属于适应型活动。

8.4.2.3 升级阶段的区域品牌建设活动的协调性

升级阶段是通过打造全球灯饰创意经济、提升经济发展质量、建立最具活力灯饰创新体系的阶段。为实现“古镇灯饰源产地”区域品牌核心价值，该阶段的主要任务是提升区域品牌美誉度和忠诚度。基于“以知识产权驱动设计，以设计驱动品牌创新，以创新驱动产业发展”的理念，以“技术创新→专利确权→专利集群→专利联盟→专利标准→品牌创新”为发展路径，为树立“品牌创新→研发→创新智力成果确权（专利授权、商标注册）→知识产权转化→利润增长→再投入研发→利润再增长→商标品牌驰名度增加”的企业良性循环，古镇镇投资6.5亿元设立生产力促进中心，2010年10月运营，旨在通过打造公共服务平台，实现古镇灯饰产业转型升级。基于公共服务平台，围绕微笑曲线的设计和营销两端，古镇灯饰升级阶段重点开展了两大类活动：知识产权驱动创新活动、营销模式创新活动。

第一类活动是不断摸索，开展知识产权驱动创新系列活动。

通过中国中山（灯饰）知识产权快速维权中心、中山大学院士工作站、国际创客中心、国际灯具检测实验室、古镇半导体照明技术研究中心，古镇国际灯饰照明创新设计中心、灯都青年创业孵化基地、创谷等公共技术服务和设计实体，开展知识产权综合服务、综合检测服务、一站式认证服务、灯饰全球设计服务、质量管理服务和企业征信服务。近年正在摸索筹建的创谷，由镇政府引入村集体对接，通过引进独立设计师，开展产品设计、打样、拍卖、展示、设计师推送等系列活动。

第二类活动是不断摸索，创新营销模式的系列活动。这类活动中的典型有，融合"区域营销""直销基地"和"互联网营销"的整合营销系列活动，以及近年正在摸索的通过品牌联盟共同开拓海外市场的活动。

在整合营销方面，系列活动以整合区域品牌内外部所有资源为手段，充分调动一切积极因素以实现区域品牌统一的传播目标，建立灯饰制造企业面向终端消费者、灯饰门店、灯饰商场的完整服务系统，开展了古镇灯饰区域整合营销、线上线下合作营销、以及互联网营销等三方面工作。

一是开展灯饰厂家的产品品牌整合营销，与灯饰卖场合作开展营销宣传，扩展厂企生产流通视野，建立以市场为导向的生产经营理念。

二是打通全国灯饰卖场厂企渠道，整合古镇灯饰政策、渠道、资金、管理资源，构建灯饰设计、生产、物流整合服务体系。

三是线上线下方面，立足线下，以线上商城和手机微店作为辅助，构建"自下而上"的灯饰行业 O2O 模式，打造线上媒体平台、网络销售平台与线下直销基地的合作营销模式，打通线上线下供销渠道，创新灯饰营销方法。

在共同开拓海外市场方面，针对国外话语权缺失，由中山市政府部分出资支持，古镇镇政府占股，由 11 家具有原创设计能力的公司发起，成立广东古镇灯饰股份有限公司，正在摸索通过品牌联盟，集聚力量共同开拓海外市场。

升级阶段的知识产权驱动创新系列活动旨在从外部获取创新资源，提升创新能力，属于适应型活动；同时也打造内部良好的创新环境，调动内部资源形成创新能力，属于达标型活动。创新营销模式系列活动旨在从外部获取顾客资源和行业信息，属于适应型活动。

总之，上述基础、拓展和升级三个阶段的活动主要属于适应型活动。这些适应型活动包括，基础阶段的工业立镇和灯饰主导产业定位重大决策和系列可视化服务活动；拓展阶段的商贸平台服务、会展服务、品牌联盟服务、外贸服务、互联网 + 服务等活动；升级阶段的知识产权驱动创新系列活动和创新营销模式系列活动。此外，升级阶段的知识产权驱动创新系列活动同时也属于达标型活动。

8.4.3 古镇灯饰区域品牌建设模式构成模型和演化模型

综合前两小节的分析结果，可得图 8－3 所示的古镇灯饰区域品牌建设模式构成模型及演化模型。古镇灯饰区域品牌建设模式由包含品牌建设主导方式在内的主体社会结构、品牌核心价值、品牌建设阶段、品牌赢得活动和资格活动等要素构成。就区域品牌赢得活动和资格活动、决策者主导方式两个维度而言，古镇灯饰区域品牌建设模式验证了基于理论分析提出的区域品牌建设模式构成模型。但是，古镇灯饰区域品牌建设模式用品牌核心价值替代了理论模型中的战略和战术相结合的区域品牌建设理念。

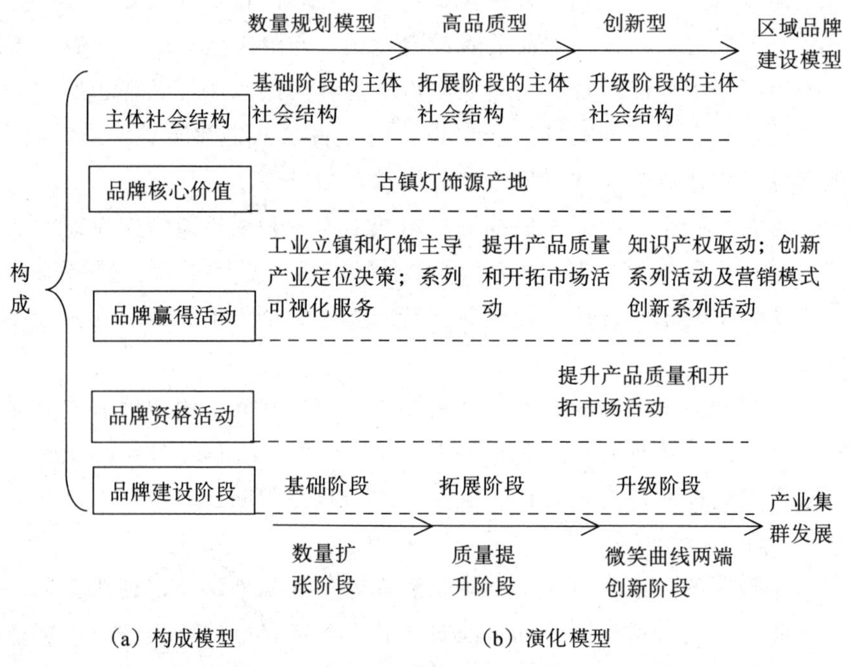

图 8－3 古镇灯饰区域品牌建设模式构成模型和演化模型

如图 8－3 所示，在古镇灯饰区域品牌发展过程中，区域品牌建设模式经历了两次演化：从基础阶段的数量规模型区域品牌建设模式，演化为拓展阶段的高品质型区域品牌建设模式，再演化到升级阶段的创新型区域品牌建设模式。三个模式分别发生于古镇灯饰产业集群发展的数量扩张阶段、质量提升阶段和微笑曲线两端创新阶段。

两次演化过程中，古镇灯饰区域品牌核心价值维持稳定不变，都是“古镇灯饰源产地”。但是，包括主体社会结构、品牌建设阶段、品牌赢得活动和资格活动等在内的要素都发生了改变。

就主体社会结构而言，虽然都是古镇镇政府主导方式，但是主体社会结构发生了如前面图 8－2 所示的演化。不但主体类别、而且主体间的分工和协调机制都发生了演化。分工不断精细化、市场化，不断引入市场化主体。协调机制、关系、能力和资源也不断多元化。

就品牌赢得活动而言，从基础阶段数量规模型区域品牌建设模式的工业立镇重大决策、灯饰主导产业定位决策、提供与营销及宣传有关的系列可视化服务等类别活动，演化到拓展阶段高品质型区域品牌建设模式的提升产品质量和开拓市场活动，再演化到升级阶段创新型区域品牌建设模式的知识产权驱动创新系列活动和营销模式创新系列活动。

演化过程中，有品牌赢得活动转化为资格活动。其中，拓展阶段高品质型区域品牌建设模式的赢得活动转化成了升级阶段创新型区域品牌建设模式的品牌资格活动。基础阶段数量规模型区域品牌建设模式和拓展阶段高品质型区域品牌建设模式，没有品牌资格活动。

通过上述两次演化，古镇灯饰区域品牌形成了当前以“强化创新设计环境和整合营销”为特色的地方政府间接主导型区域品牌建设模式。该模式的总体特点是，围绕“古镇灯饰源产地”区域品牌核心价值，地方政府主导，专营公司市场化运作，平台建设单位和行业中介组织协同，以各类企业为主体，通过强化创新设计软环境和搭建创新设计和整合营销硬平台，共同建设古镇灯饰区域品牌。

总之，如图 8－3 所示，古镇灯饰区域品牌建设模式两次演化过程中都维持品牌核心价值不变，可以使区域品牌个性得以延续。维持建设主导方式不变，可以降低演化成本，减少演化时间，提升演化效率，加快区域品牌建设。在维持建设主导方式不变的同时，改变区域品牌建设主体社会结构，增加民营化市场化辅助执行者主体，增加主体间的协调机制，可以更有效地为区域品牌建设活动集聚社会资源和能力。品牌赢得活动和资格活动存在显著区别，则可以使品牌建设与品牌发展、产业发展相协调，促进区域品牌协调发展。可见，上述演化特点从侧面验证了区域品牌建设模式构建模型。

8.5 古镇灯饰区域品牌建设机理

古镇灯饰区域品牌建设机理在品牌发展不同阶段有共性，也有差异。本节将分阶段加以阐述。

8.5.1 古镇灯饰基础阶段区域品牌建设机理

如图 8－4 所示，基础阶段区域品牌建设机理包括 2 条路径及 2 条路径间形成的相互促进相互协调的 2 个闭环，以及各路径上的影响因素。

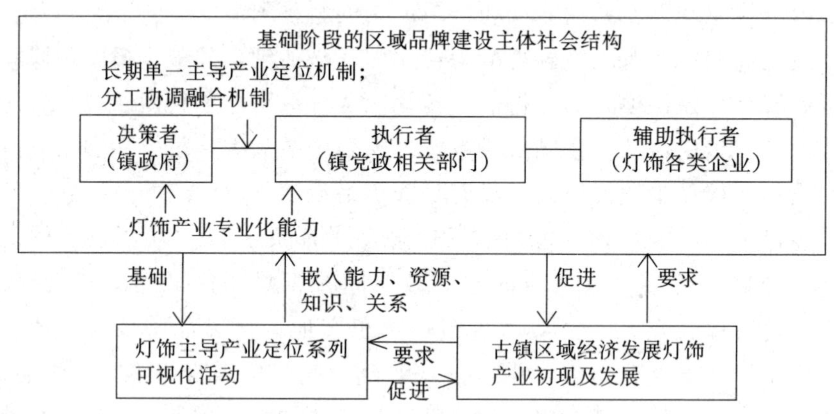

8－4 古镇灯饰区域品牌基础阶段建设机理

第 1 条路径是“古镇区域经济发展要求—以镇政府为主导的主体社会结构—灯饰产业初露端倪及发展要求—灯饰主导产业定位决策和系列可视化服务活动—主体社会结构的强化”。改革开放后，古镇面临区域经济发展的迫切要求，为实现“工业立镇”战略，镇政府成为区域经济和产业经济发展的主导。在镇政府观察到灯饰产业在海州片区初露端倪，并发现灯饰产业具有巨大发展潜力后，镇政府制定了灯饰主导产业定位决策，并开展了一系列与营销及宣传有关的可视化服务活动。通过这些工作，镇政府得以嵌入灯饰产业发展决策和管理能力，灯饰产业得以发展，资源和主体间的相互关系得以嵌入区域品牌建设主体社会结构，从而强化了以镇政府为主导的区域品牌建设主体社会结构。

简单而言，第 1 条路径从区域产业发展和区域品牌发展需要出发，构建了以镇政府为主导的品牌建设主体社会结构，通过实施产业和品牌建设活动（灯饰主导产业定位决策和系列可视化服务活动），将相关能力、资源和主体间的相互关系嵌入到了主体社会结构，从而进一步强化了镇政府的主导地位和主体社会结构。可以看出，该路径体现了以市场为中心、以区域发展为中心的理念，具有市场驱动的特点。该路径上的影响因素主要有，区域和产业发展要求、包括战略决策能力在内的能力、资源和关系。

第 2 条路径是“以镇政府为主导的社会结构—灯饰主导产业定位决策和系列可视化服务活动—灯饰产业和品牌发展”。这条路径包括两方面内容：一是以镇政府为主导的主体社会结构直接促进产业和品牌发展。嵌入了相应能力和资源以及协调机制的、以镇政府为主导的区域品牌发展主体社会结构可以直接提升潜在投资者和消费者对古镇灯饰产业和区域品牌的形象，从而促进区域品牌发展。二是以镇政府为主导的主体社会结构将灯饰产业定位为主导产业并开展系列可视化服务活动，能够提升潜在投资者的信心，能够促进产业从外部获取客户资源和行业信息。这些效果可以扩大潜在投资者和顾客在数量和地域上的规模，可以提升潜在投资者和顾客的质量，还可以提升扩大潜在投资者和顾客对区域品牌的形象，从而促进区域品牌发展。从这两方面的内容可以看出，该条路径上的影响因素主要有能力、资源、协调机制、关系、信心、区域品牌形象等。

综合上述 2 条路径及各路径上的影响因素，即可得到如图 8 - 4 所示的基础阶段区域品牌建设机理。这 2 条路径形成了一个相互促进、相互协调的 2 个闭环。一个是由“以古镇镇政府为主导的区域品牌建设主体社会结构”和“古镇灯饰产业和区域品牌发展”构成的闭环。该闭环说明“以古镇镇政府为主导的区域品牌建设主体社会结构”和“古镇灯饰产业和区域品牌发展”两者之间存在相互促进和相互约束。古镇灯饰基础阶段的实践表明，两者可以相互促进，形成良性循环，促进区域品牌发展。第 2 个闭环是由“以古镇镇政府为主导的区域品牌建设主体社会结构”“灯饰主导产业定位决策和系列可视化服务活动”和“古镇灯饰产业和区域品牌发展”构成的闭环。该闭环说明“以古镇镇政府为主导的区域品牌建设主体社会结构”“灯饰主导产业定位决策和系列可视化服务活动”和“古镇灯饰产业和区域品牌发展”三者之间存在相互促进和相互约束。

古镇灯饰基础阶段的实践表明，三者可以相互促进，形成良性循环，促进区域品牌发展。

总之，古镇灯饰基础阶段的实践表明，古镇灯饰品牌发展的要求促进了建设主体社会结构的发展，促进了品牌建设活动的开展；主体社会结构的发展和建设活动的开展，又促进了品牌发展，并进一步提出新的要求。除命题1没有验证和影响因素有不同之外，区域品牌建设机理价值网模型得到了古镇灯饰基础阶段区域品牌建设机理的验证。

8.5.2 古镇灯饰拓展阶段区域品牌建设机理

如图8-5所示，对于古镇灯饰，拓展阶段和基础阶段的区域品牌建设机理类似，都包括2条路径及2条路径间形成的相互促进相互协调的2个闭环，以及各路径上的影响因素。但是，有4方面的不同。

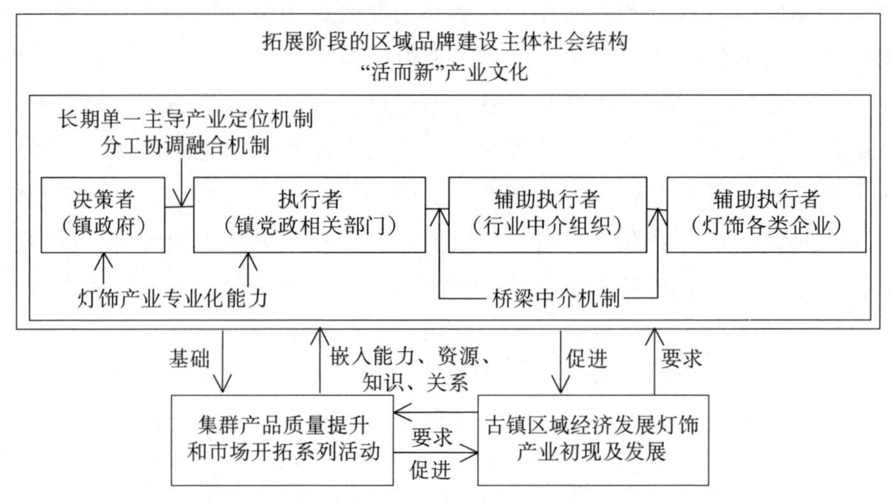

图8-5 古镇灯饰区域品牌拓展阶段建设机理

（1）主体和主体社会结构的不同

拓展阶段的主体不但有镇政府、镇党政相关部门（经信委、宣传办、党政办……），而且行业中介组织的作用在此阶段得以加强。

（2）品牌发展要求的不同

基础阶段主要是产业定位并形成产能，逐步从代工走向自主品牌。在基础阶段基本建成灯饰生产基地之后，提升产品质量和开拓国内外市场成为拓展阶段的迫切要求。

（3）因要求不同从而开展的活动类型和数量也显著不同

基础阶段的活动主要是灯饰主导产业定位决策和系列可视化服务活动，重点在产能和规模的扩大。拓展阶段的主要活动有产品质量提升系列活动和包括会展服务、商贸平台服务、品牌联盟服务、外贸服务、互联网+服务在内的市场开拓活动。

（4）因上述主体、要求、活动类型的不同，区域品牌建设要求的能力和资源等影响因素也不同

总之，由上述异同可见，除命题1没有验证和影响因素有不同之外，区域品牌建设机理价值网模型得到了古镇灯饰拓展阶段区域品牌建设机理的验证。

8.5.3　古镇灯饰升级阶段区域品牌建设机理

如图8-6所示，对于古镇灯饰，升级阶段和拓展阶段的区域品牌建设机理类似，都包括2条路径及2条路径间形成的相互促进相互协调的2个闭环，以及各路径上的影响因素。但也有4方面的不同。

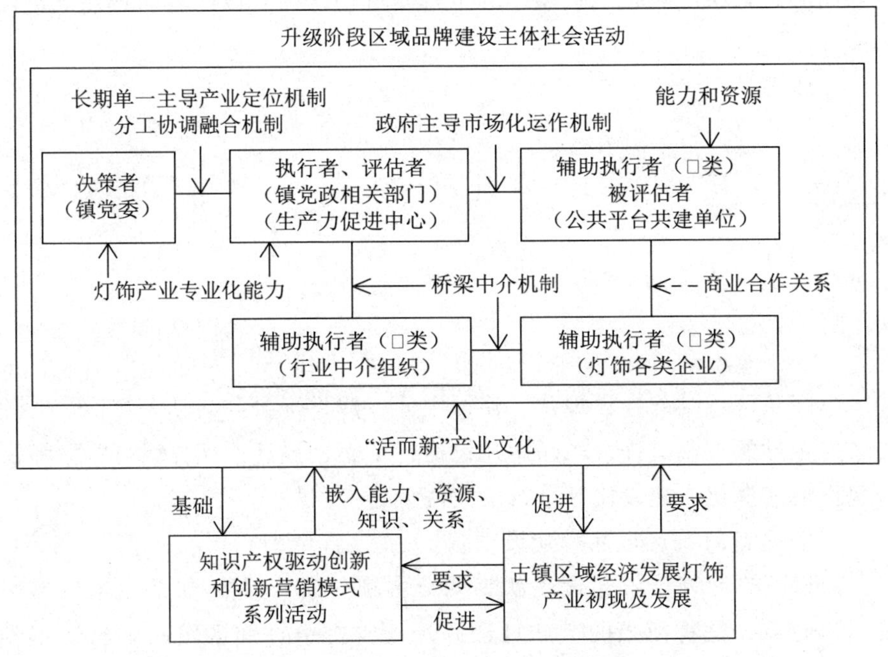

图8-6　古镇灯饰区域品牌升级阶段建设机理

（1）主体和主体社会结构的不同

升级阶段的主体包括了第 8.2 节的全部主体，比拓展阶段多了古镇镇生产力促进中心，多了公共服务平台共建单位。

（2）品牌发展要求的不同

拓展阶段主要是提升产品质量和开拓国内外市场、提升区域品牌知名度。升级阶段主要是升级产业，打造全球灯饰创意经济，建立最具活力的灯饰创新体系，提升区域品牌美誉度。

（3）因要求不同从而开展的活动类型和数量也显著不同

拓展阶段重点是产品质量提升系列活动和包括会展服务、商贸平台服务、品牌联盟服务、外贸服务、互联网 + 服务在内的市场开拓活动。升级阶段在坚持并升级这些活动的同时，重点围绕微笑曲线的设计和营销两端，开展知识产权驱动创新系列活动和创新营销模式的系列活动。

（4）因上述主体、要求、活动类型的不同，区域品牌建设要求的能力和资源等影响因素也不同

总之，由上述异同可见，除命题 1 没有验证和影响因素有不同之外，区域品牌建设机理价值网模型得到了古镇灯饰升级阶段区域品牌建设机理的验证。

8.6 本章小结

本章从区域品牌建设现状、建设主体、建设平台与活动等方面，对地方政府主导的古镇灯饰区域品牌建设进行了案例描述；从古镇灯饰区域品牌建设模式演化、建设机理进行了案例分析。

（1）古镇灯饰区域品牌建设现状

古镇灯饰区域品牌建设现状表明，古镇灯饰产业具有“一全两多三发达”特点，是特而强的全球灯饰源产地，古镇灯饰区域品牌已经得到行业认可，具有全国性区域品牌特点。灯饰产业链长，分工精细，古镇灯饰企业分散于各环节，具有健全的产业链，并且产业链各环节都极具专业

性，在技术上具有深厚底蕴，各环节所供产品不但质量好而且具有价格优势，已经具备了打造世界性区域品牌建设的内在条件和要求。

（2）古镇灯饰区域品牌建设主体社会结构现状和演化

目前，古镇灯饰区域品牌建设主体有作为决策者的镇政府、作为执行者的镇党政相关部门及镇属古镇镇生产力促进中心、作为辅助执行者的公共服务平台共建单位、行业中介组织，以及灯饰各类企业、作为评估者的古镇镇生产力促进中心和作为被评估者的公共服务平台共建单位。古镇灯饰区域品牌建设主体社会结构在分工方面的显著特点是，地方政府主导，专营公司（古镇镇生产力促进中心）市场化运作，平台建设单位和行业中介组织协同，以各类企业为主体共建区域品牌。

目前古镇灯饰区域品牌建设主体社会结构在协调和治理方面具有 5 方面显著特点。镇政府和相关部门通过嵌入“长期单一主导产业定位机制”和“分工协调配合机制”，并嵌入灯饰产业专业化能力，使得全镇能够长期聚焦灯饰产业和区域品牌建设。专营公司和公共服务平台共建单位之间嵌入“政府主导市场化运作机制”，使得专营公司能够市场化聚集资源并有效实施区域品牌建设。通过专营公司的指导和评估，公共服务平台共建单位能够通过“市场化运营机制”，与灯饰各类企业建立“商业合作关系”，为企业提供有价值的品牌建设服务。通过嵌入“桥梁中介机制”，行业中介组织起到中介作用，牵头并鼓励各类企业参与区域品牌建设活动。通过嵌入“政府主导市场化运作机制”和“桥梁中介机制”，实现了政府“有所为和有所不为”的目标，在“政府不干预企业经营”的同时，有效解决市场难以解决的产业共性问题，有效解决产业内单个中小企业难以解决又必须解决的共性问题。区域品牌发展过程中形成了“活而新”的产业文化，深深地嵌入到了古镇灯饰产业的所有角色之中。

古镇灯饰区域品牌建设大致经历了基础、拓展和升级 3 个阶段。在 3 个阶段的发展过程中，区域品牌建设主体社会结构的演化具有 3 方面特点：始终坚持古镇镇政府主导方式；分工不断精细化和市场化；协调机制、关系、能力和资源不断多元化。

（3）古镇灯饰区域品牌建设活动及与发展阶段的协调性

目前，古镇灯饰有 8 类 32 个实体服务平台。8 类平台包括创新设计、技术服务、创业孵化、互联网＋、诚信服务、众创金融、外贸服务、区域品牌推广。通过这 8 类平台，可以提供一站式解决方案服务。服务功能可以覆盖灯饰设计、生产、营销和融资等各个环节。

基础阶段的主要任务是初步打造全球灯饰生产基地，具备品牌建设基础，主要活动有工业立镇重大决策、灯饰主导产业定位决策、提供与营销及宣传有关的系列可视化服务。拓展阶段的主要任务是扩大区域品牌知名度，有产品质量提升系列活动和市场开拓系列活动。升级阶段的主要任务是提升区域品牌美誉度和忠诚度，重点开展了知识产权驱动创新活动、营销模式创新活动。各阶段的任务和活动具有协调性，并都与区域品牌核心价值“古镇灯饰源产地”相协调。

（4）古镇灯饰区域品牌建设模式的构成和演化

古镇灯饰区域品牌建设模式由包含品牌建设主导方式在内的主体社会结构、品牌核心价值、品牌建设阶段、品牌赢得活动和资格活动等要素构成；要素之间具有协调性。该模式在区域品牌赢得活动和资格活动、决策者主导方式两个维度验证了基于理论分析提出的区域品牌建设模式构成模型。但是，用品牌核心价值替代了理论模型中的战略和战术相结合的区域品牌建设理念。

古镇灯饰区域品牌建设模式经历了两次演化：从基础阶段的数量规模型，演化为拓展阶段的高品质型，再演化到升级阶段的创新型。三个模式分别发生于古镇灯饰产业集群发展的数量扩张阶段、质量提升阶段和微笑曲线两端创新阶段。两次演化过程中，古镇灯饰区域品牌核心价值和古镇镇政府主导方式维持不变，主体社会结构、品牌建设阶段、品牌赢得活动和资格活动等在内的要素都发生了改变。通过两次演化，现阶段形成了以“强化创新设计环境和整合营销”为特色的地方政府间接主导型区域品牌建设模式。这些演化特点从侧面验证了区域品牌建设模式构建模型。

（5）古镇灯饰区域品牌建设机理

古镇灯饰区域品牌建设机理在基础、拓展、升级 3 个不同阶段存在相同点和差异。相同点是，都包括由 2 条路径及 2 条路径间形成的相互促进相互协调的 2 个闭环，以及各路径上的影响因素。不同点有主体和主体社会结构的不同；品牌发展要求的不同；因不同要求开展的活动类型和数量显著不同；因主体、要求、活动类型不同而要求的能力和资源等影响因素也不同。总之，除命题 1 没有验证和影响因素有不同之外，区域品牌建设机理价值网模型得到了古镇灯饰三个阶段区域品牌建设机理的验证。

第 9 章

跨案例比较研究

本章在第 6 章至第 8 章的基础上，从区域品牌建设机理、区域品牌建设模式构成和演化等三个方面进行跨案例比较研究，并在此基础上，提出区域品牌建设的一般性规律，从而进一步验证区域品牌建设模式构成模型、区域品牌建设机理价值网模型、区域品牌建设模式构建模型。

9.1 区域品牌建设机理的跨案例比较研究

基于理论分析，第 3 章提出了一个如图 3 - 2 所示的区域品牌建设机理模型。基于深圳钟表区域品牌实践，第 7.5 节提出了深圳钟表跟随和拓展阶段的区域品牌建设机理。基于古镇灯饰区域品牌实践，第 8.5 节提出了古镇灯饰基础、拓展和升级阶段区域品牌建设机理。对照这些机理可知，理论模型中的命题 2 到命题 11 都在深圳钟表和古镇灯饰两个区域品牌的建设机理中得到验证。由于没有从集群客体收集数据，理论模型中的命题 1 没有验证。因此，除命题 1 没有验证之外，理论分析提出的区域品牌建设机理模型中的所有命题都得到了深圳钟表和古镇灯饰两个区域品牌的验证。

对照理论分析提出的区域品牌建设机理模型和基于深圳钟表及古镇灯饰实践的区域品牌建设机理，可以发现，理论模型和基于实践的机理在品牌建设主体社会结构嵌入内容方面存在差异。如图 3－2 所示的理论模型只嵌入了资源和规则、产业和品牌认知。基于实践的机理则更进一步，还嵌入了能力和关系。能力是资源和规则的升华。能力的嵌入与基于能力的观点相吻合。由于区域品牌建设是一个需要各主体间长期合作的经济活动，主体间需要建立长期的信任关系，从而可以减少交易和非交易成本，有利于开展合作，因此嵌入主体间关系具有合理性。理论模型主要基于社会学理论提出，所用的社会学理论没有强调主体间的长期合作，因而没有在区域品牌建设主体社会结构中考虑主体间长期信任关系的嵌入。

对照基于古镇灯饰升级阶段的区域品牌建设机理和基于深圳钟表实践的机理以及理论模型，可以发现，基于深圳钟表实践的机理和理论模型只有一类辅助执行者，而基于古镇灯饰升级阶段的区域品牌建设机理则包含了三类辅助执行者（公共服务平台共建单位、行业中介组织、产业类各类企业），并且三类辅助执行者的作用不同。这其中的原因是，如果只有古镇镇党政相关部门作为执行者，难以实现市场化运作；如果只有镇属公司作为执行者进行市场化运作，难以充分利用社会资源开展多方面的公共平台服务。而当产业和区域品牌发展到一定阶段，区域品牌建设活动会随之增加，从而可能需要增加辅助执行者。在古镇灯饰基础阶段，只有灯饰各类企业一种类别的辅助执行者。发展到拓展阶段，增加了行业中介组织作为辅助执行者。发展到升级阶段，又增加了公共服务平台共建单位作为辅助执行者。在发展过程中，增加的这些类别的主体都是民营化市场化的主体，更易于实现市场化运作并充分利用社会资源开展区域品牌建设活动。总之，对于地方政府主导型，当地方党政相关部门作为执行者时，除了各类企业作为辅助执行者之外，还需增加民营化市场化的主体作为辅助执行者，以便实现市场化运作并充分利用社会资源开展区域品牌建设活动。

9.2 区域品牌建设模式构成的跨案例比较研究

基于理论分析，第 4.1 节提出了一个区域品牌建设模式构成模型。基于深圳钟表区域品牌实践，第 7.4 节提出了一个如图 7-4 所示的区域品牌建设模式构成模型。基于古镇灯饰区域品牌发展实践，第 8.4 节提出了一个如图 8-3 所示的区域品牌建设模式构成模型。对照这三个模型可知，总体上，三个模型基本吻合。三个模型都包括区域品牌建设赢得活动和资格活动、决策者主导方式两个维度。就这两个维度而言，理论分析提出的区域品牌建设模式构成模型得到了验证。

理论分析提出的区域品牌建设模式构成模型包括战略和战术相结合的区域品牌建设理念。但是，基于深圳钟表和古镇灯饰实践的两个模型未曾包括，取而代之的是品牌核心价值。在理论模型中，战略和战术相结合的区域品牌建设理念为决策者主导方式、赢得活动和资格活动的选择提供了基本要求、思路和出发点。基于实践的两个模型则是，品牌核心价值为决策者主导方式、赢得活动和资格活动的选择提供了基本要求、思路和出发点。这其中的可能原因是，由品牌识别、品牌形象、品牌意图和品牌资产四者之间关系构成的区域品牌建设理念过于抽象复杂，现实中难以直接运用，而品牌核心价值相对具体简单，现实中易于直接使用，并且是品牌识别、品牌形象、品牌意图和品牌资产四者中的核心。因此，就战略和战术相结合的区域品牌建设理念而言，基于实践的两个模型将其简化为品牌核心价值，理论分析得到的区域品牌建设模式构成模型一定程度上得到了验证。

与基于深圳钟表和古镇灯饰实践得到的区域品牌建设模式构成模型类似，第 6 章对深圳内衣的区域品牌建设模式现状的案例研究表明，深圳内衣的区域品牌建设模式同样包括区域品牌建设赢得活动和资格活动、决策者主导方式和品牌核心价值，在三个维度上都具有一致性。然而，第 6 章对随州专用汽车、四平换热器、清溪光电通讯、澄海玩具的区域品牌建设模式现状的案例研究表明，这些产业集群的区域品牌建设模式只在区域品牌建设赢得活动和资格活动、及决策者主导方式两个维度上具有一致性；没有品牌核心价值，取而代之的是品牌建设问题导向和目标导向。四平换热器面临的问题是价格逐底造成的产业内企业间的恶性竞争；目标是通过加强产业内企业的良性竞争和合作，共同打造区域品牌。清溪光电通讯面临的问题是清溪镇的创新资源难以满足区域品牌创新阶段的要求；目标是通过提升全产业创新能力和水平，共同打造区域品牌。随州专用汽车面临的问题是单个企业难以投资运营的行业内共性问题；目标是促进随州专用汽车产业整体发展，加快区域品牌建设。澄海玩具面临的问题是传统玩具产业面临的转型升级问题；目标是促进澄海玩具产业整体发展，加快区域品牌建设。这些模式是从各集群试点申报材料、示范申报材料、以及试点示范年度总结材料等二手资料研究得到的。因此，其中的可能原因是，这些二手资料的撰写者采取问题导向和目标导向写法；也有可能是申报单位对区域品牌建设的理解是问题导向和目标导向的。

总之，就区域品牌建设赢得活动和资格活动、决策者主导方式两个维度而言，基于全部 7 个样本得到的区域品牌建设模式验证了基于理论分析提出的区域品牌建设模式构成模型。但是。基于深圳钟表、古镇灯饰和深圳内衣实践的区域品牌建设模式用更具体实用的品牌核心价值替代了理论模型中的战略和战术相结合的区域品牌建设理念。就该维度而言，理论模型部分得到验证。基于第二手数据对随州专用汽车、四平换热器、清溪光电通讯、澄海玩具区域品牌建设模式现状的案例研究表明，这些集群的区域品牌建设采取的是问题导向和目标导向，而非品牌核心价值的引导，也非战略和战术相结合的区域品牌建设理念的引导。

9.3 区域品牌建设模式演化的跨案例比较研究

基于深圳钟表区域品牌实践，第 7.4 节提出了一个如图 7－4 所示的区域品牌建设模式演化模型。基于古镇灯饰区域品牌实践，第 8.4 节提出了一个如图8－3所示的区域品牌建设模式演化模型。对照这两个模型可知，总体上，两个模型基本吻合，区域品牌建设模式具有下述4条共性演化规律。

（1）都从数量规模型，演化为高品质型，再演化到创新型

在深圳钟表区域品牌发展的过程中，区域品牌建设模式经历了两次演化：从跟随阶段的数量规模型区域品牌建设模式，演化为拓展阶段早期的高品质型区域品牌建设模式，再演化到拓展阶段后期的创新型区域品牌建设模式。

在古镇灯饰区域品牌发展过程中，区域品牌建设模式同样经历了两次演化：从基础阶段的数量规模型区域品牌建设模式，演化为拓展阶段的高品质型区域品牌建设模式，再演化到升级阶段的创新型区域品牌建设模式。

（2）三个模式分别发生于产业集群发展的数量扩张阶段、质量提升阶段和微笑曲线两端创新阶段

无论是深圳钟表还是古镇灯饰，数量规模型区域品牌建设模式发生于产业集群发展的数量扩张阶段；高品质型区域品牌建设模式出现在产业集群发展的质量提升阶段；创新型区域品牌建设模式产生于产业集群发展的微笑曲线两端创新阶段。

（3）演化过程中，区域品牌建设主导方式和区域品牌核心价值维持不变，但品牌赢得活动和资格活动都会显著改变

对于深圳钟表，三个模式的区域品牌建设主导方式都是深圳市钟表行业协会直接主导型，没有差异。三个模式的品牌核心价值都是“深圳钟表，领军中国”，也没有改变。

对于古镇灯饰，两次演化过程中，区域品牌建设主导方式都是古镇镇政府间接主导方式；区域品牌核心价值维持稳定不变，都是“古镇灯饰源产地”。

（4）区域品牌建设主体社会结构趋向增加市场化主体

除了上述共性演化规律外，演化过程中，深圳钟表和古镇灯饰在区域品牌建设主体社会结构是否变化方面存在差异。前者没有变化，都是如图7－2所示的深圳市钟表行业协会直接主导型主体社会结构。后者存在变化，发生了如图8－2所示的演化。不但包括的主体类别、而且主体间的分工和协调机制都发生了演化。演化的特点是分工不断精细化，不断市场

化，不断引入市场化主体；协调机制、关系、能力和资源也不断多元化。深圳钟表没有变化的原因可能是早期就以民营化和市场化为主。

总之，上述演化规律从侧面验证了区域品牌建设模式构建模型。

9.4 区域品牌建设的一般性规律

综合全书研究，可得下述4条区域品牌建设的一般性规律。

（1）需要在各类区域品牌建设主体间构建符合地域和产业特点的包含不同角色和地位的分工体系

需要对区域品牌建设不同类别的主体加以分工，形成由决策者、执行者、辅助决策者、评审者、被评审者、辅助执行者等角色构成的一个角色网络体系。决策者是区域品牌建设的主导者，是核心，可以通过先赋和自致两种途径获得，但必须通过自身持续取得被公认的成就才能维持其地位。

（2）通过在不同角色间嵌入合适的地域和产业文化、机制和关系，从而实现分工下的不同角色间的协调

在分工的基础上，区域品牌建设主体间需要设计合适的机制以便嵌入包括行为准则和行为规范在内的规则；产业发展过程中需要引导并形成有利于产业长远发展的产业文化；通过规则和文化，约束各主体的行为，形成各主体间的协同关系，从而实现分工下的不同角色间的协调和治理。

（3）通过市场化方式获取并集聚资源，构建区域品牌建设公共服务平台，形成能力，开展市场化品牌建设活动

活动包括4类：为适应外部环境并从外部获取区域品牌建设所需资源和认知的适应型活动；调动产业集群内部资源以实现区域品牌建设的达标型活动；协调统一区域品牌建设各主体、使之相互合作配合、使产业集群整体功能得到有效发挥的整合型活动；使区域品牌建设各主体保持价值观的稳定并使得各主体的行动按一定规范和秩序进行的维模型活动。

（4）依据区域品牌发展不同阶段的不同要求，分工、协调、资源、

能力、平台和活动需要加以调整或强化

调整和强化过程中需要满足体现区域品牌发展机理的 2 条路径，并使 2 条路径间形成相互促进相互协调的闭环。一条是“品牌发展需求—主体社会结构—活动—主体社会结构”拉动路径。该路径认为，区域品牌发展不同阶段可能有品牌发展的不同需求，从而对包括分工和协调在内的区域品牌建设主体社会结构提出不同要求，对品牌建设活动提出不同要求，从而需要调整或强化社会结构和活动，并且不同活动的开展也会调整或强化社会结构。

另一条是“主体社会结构—活动—品牌发展”推动路径。该路径认为，具有良好秩序的区域品牌建设主体社会结构，可以直接促进客体形成良好的区域品牌形象，也可以通过开展恰当的活动，通过客体感知活动的过程和结果，间接促进客体形成良好的区域品牌形象；直接和间接的区域品牌形象感知将促进品牌资产的形成，促进区域品牌的发展。

9.5 本章小结

本章在第 6 章至第 8 章的基础上，从区域品牌建设机理、区域品牌建设模式构成和演化等三个方面进行了跨案例比较研究，并在此基础上，提出了区域品牌建设的 4 条一般性规律。

有关区域品牌建设机理的跨案例比较研究表明，除命题 1 没有验证之外，理论分析提出的区域品牌建设机理模型中的所有假设都得到了深圳钟表和古镇灯饰两个区域品牌实践的验证。理论模型和基于实践的机理在品牌建设主体社会结构嵌入内容方面存在差异。理论模型只嵌入了资源和规则、产业和品牌认知。基于实践的机理则更进一步，还嵌入了能力和关系。对于地方政府主导型，当地方党政相关部门作为执行者时，除了各类企业作为辅助执行者之外，还需增加民营化市场化的主体作为辅助执行者，以便实现市场化运作并充分利用社会资源开展区域品牌建设活动。

有关区域品牌建设模式构成模型的跨案例比较研究表明，对于区域品牌赢得活动和资格活动、决策者主导方式两个维度，基于全部 7 个样本得到的区域品牌建设模式验证了理论分析提出的区域品牌建设模式构成模型。但是，基于深圳钟表、古镇灯饰和深圳内衣实践的区域品牌建设模式用更具体实用的品牌核心价值替代了理论模型中的战略和战术相结合的区域品牌建设理念。就该维度而言，理论模型部分得到验证。基于二手数据对随州专用汽车、四平换热器、清溪光电通讯、澄海玩具的区域品牌建设模式静态案例表明，这些集群的区域品牌建设采取的是问题导向和目标导向，而非品牌核心价值引导，也非战略和战术相结合的区域品牌建设理念引导。

有关区域品牌建设模式演化的跨案例比较研究表明，基于深圳钟表和古镇灯饰实践的区域品牌建设模式具有 4 条共性演化规律。这些演化规律从侧面验证了区域品牌建设模式构建模型。

结 论 与 展 望

本书围绕区域品牌建设机理、建设模式构成及构建等主题，进行了理论与实证相结合的研究。

理论研究方面，运用社会嵌入理论、结构功能主义、社会角色理论、基于顾客的品牌资产理论、产业集群发展阶段理论，在构建区域品牌建设机理模型提出思路和整合分析框架，并在 4 个前提假设的基础上，提出了一个融合区域品牌形成路径和影响因素的区域品牌建设机理价值网模型。基于该模型，在分析区域品牌建设模式的基本构成要素及子要素之间面临的关系问题后，通过寻求这些关系问题的解决方法，提出了一个区域品牌建设模式构成模型。基于机理价值网模型和模式构成模型，在提出区域品牌识别和形象差距模型后，提出了区域品牌建设模式构建框架模型和过程模型。

实证研究方面，从区域品牌建设活动入手，案例研究了深圳内衣、四平换热器、清溪光电通讯、随州专用汽车和澄海玩具 5 个样本的区域品牌建设模式现状，试图验证区域品牌建设模式构成模型。案例研究了深圳钟表和古镇灯饰等 2 个样本的区域品牌建设现状、建设主体、建设平台与活动、区域品牌建设模式构成和演化、建设机理，并通过多案例研究，试图进一步验证区域品牌建设模式构成模型，验证区域品牌建设机理价值网模型，验证区域品牌建设模式构建框架模型和过程模型。

通过上述研究，初步得到以下结论：

（1）基本验证了理论分析提出的区域品牌建设模式构成模型

对深圳内衣、四平换热器、清溪光电通讯、随州专用汽车、澄海玩具、深圳钟表和古镇灯饰等区域品牌的案例研究，得到了各具特色的 7 种典型区域品牌建设模式。这些模式从区域品牌赢得活动和资格活动、决策者主导方式两个维度验证了基于理论分析提出的区域品牌建设模式构成模型。这些模式包括品牌核心价值或问题导向和目标导向，而非理论模型中的战略和战术相结合的区域品牌建设理念。

（2）从侧面验证了理论分析提出的区域品牌建设模式构建框架模型和过程模型

对深圳钟表和古镇灯饰的案例研究，得到了区域品牌建设模式的共性演化规律：都从数量规模型，演化为高品质型，再演化到创新型；分别发生于产业集群发展的数量扩张阶段、质量提升阶段和微笑曲线两端创新阶段；演化过程中，区域品牌建设主导方式和区域品牌核心价值维持不变，但品牌赢得活动和资格活动都会显著改变；演化过程中，区域品牌建设主体社会结构越来越趋向增加市场化主体。其中，深圳钟表早期就以民营化和市场化为主，并持续坚持，而古镇灯饰越来越趋向增加市场化主体，但两者总体都是趋向以民营化和市场化为主。

（3）基本验证了区域品牌建设机理价值网模型并得到了 4 个一般性建设规律

对深圳钟表和古镇灯饰的案例研究，得到了区域品牌建设机理模型和 4 个一般性规律。机理模型包括区域品牌建设主体社会结构、建设活动、品牌发展等 3 类要素，由 3 类要素构成的 2 条区域品牌形成路径，2 条路径形成的 2 个相互促进相互协调的区域品牌形成闭环，以及各路径上的影响因素。共性影响因素有产业和品牌发展要求、资源、能力、信任等。对于深圳钟表和古镇灯饰两个不同的区域品牌、或同一区域品牌的不同发展阶段，区域品牌建设主体社会结构和建设活动可能不同。实证得到的区域品牌建设机理模型在影响因素方面多于理论上提出的区域品牌建设机理价值网模型；除此之外，区域品牌建设机理价值网模型都得到了验证。

4 个一般性规律是：需要在各类区域品牌建设主体间构建符合地域和产业特点的包含不同角色和地位的分工体系；通过在不同角色间嵌入合适的地域和产业文化、机制和关系，实现分工下的不同角色间的协调；通过市场化方式获取并集聚资源，构建区域品牌建设公共服务平台，形成能力，开展市场化品牌建设活动；依据区域品牌发展不同阶段的不同要求，分工、协调、资源、能力、平台和活动需要加以调整或强化。

基于本书的研究局限，提出以下研究展望：

（1）研究人工智能为代表的新兴产业集群区域品牌建设模式和机理

现有的区域品牌建设经验和一般性规律主要是从品牌建设具有一定成

熟度，产业集群发展到一定高度的传统行业调查研究得到的。与这些行业相比，初创期的以人工智能为代表的新兴行业具有两方面显著不同：初创性和高技术性。因此，有必要研究人工智能为代表的新兴产业集群区域品牌建设模式和机理。

（2）研究中西部地区区域品牌建设面临的典型问题及解决方案

本项目总结的经验和一般性规律主要来自东部地区，来自沿海经济发达地区。行业协会和地方政府主导型在沿海经济发达地区取得了良好效果。但是，调研发现，与沿海经济发达地区相比，中西部欠发达地区存在一些不利于区域品牌建设的现实问题，使得这些模式暂时难以发挥作用。

中西部欠发达地区的行业协会普遍欠缺人才、资源和能力，一时难以成为区域品牌建设主导者。产业集群通常散布于县一级的不同乡镇，相对不集中，难以形成镇政府为主导的区域品牌建设模式；县一级通常有 3 到 4 个主导产业，资源难以集中到一个产业，也难以形成县政府为主导的区域品牌建设模式。有些地方为解决这些问题，专门成立特定产业办来推进产业和区域品牌发展。但是，产业办因人员少，缺资源，能力建设不够，有时还和其他部门存在分工不明确或条块分割的问题，难以达到预期效果。此外，许多地方产业面临产品、市场和渠道的多重同质化问题，亟待通过产业集群升级打造区域品牌。

参 考 文 献

[1] 魏后凯．论我国产业集群的自主创新 [J]. 中州学刊，2006 (3)：30－34.

[2] Porter M E. Clusters and the new economics of competition [J]. Harvard Business Review, 1998 (6): 77－91.

[3] 何晓媛，宋永高．集群品牌是集群整体的品牌还是集群产品的品牌？[J]. 商业研究，2016 (8)：137－144.

[4] Kaya F, Marangoz M. Brand attitudes of entrepreneurs as a stakeholder towards a city [J]. Procedia－Social and Behavioral Sciences, 2014 (150): 485－493.

[5] Keller K L. Strategic Brand Management: Building, Measuring, and Managing Brand Equity [M]. Upper Saddle River, NJ: Prentice Hall, 1998.

[6] Wang Y J, Capon N, Wang V L, Guo C. Building industrial brand equity on resource advantage [J]. Industrial Marketing Management, 2018, 72 (1): 4－16.

[7] 牛永革，赵平．基于消费者视角的产业集群品牌效应研究 [J]. 管理科学，2011，24 (2)：42－54.

[8] 张国亭．产业集群品牌内涵、类型与效应探讨 [J]. 中国石油大学学报（社会科学版），2008，24 (6)：27－30.

[9] 黄兆银．论我国高新技术产业发展的品牌战略：以“武汉·中国光谷”为例 [J]. 科技进步与对策，2006 (10)：60－62.

[10] 涂山峰，曹休宁．基于产业集群的区域品牌与区域经济增长 [J]. 中国软科学，2005 (12)：111－115.

[11] 吴喜雁．区域产业品牌与产业集群演变动态研究 [J]. 华东经济管理，2011，25 (11)：70－73.

[12] 梁文玲. 基于产业集群可持续发展的区域品牌效应探究 [J]. 经济经纬, 2007 (3): 114 -117.

[13 胡大立, 谌飞龙, 吴群. 区域品牌机理与构建分析 [J]. 经济前沿, 2005 (4): 29 -32.

[14] 吴传清, 李群峰, 朱兰春. 区域产业集群品牌的权属和效应探讨 [J]. 学习与实践, 2003 (5): 23 -28.

[15] 骆建艳, 丁颖. 论集群品牌的建设与运作: 以嵊州领带为例 [J]. 特区经济, 2007 (1): 268 -269.

[16] 孙丽辉. 区域品牌形成中的地方政府作用研究 [J]. 当代经济研究, 2009 (1): 44 -49.

[17] Lodge C. How has place branding developed during the year that place branding has been in publication? [J]. Place Branding, 2005, 2 (1): 6 -17.

[18] 蒋廉雄, 朱辉煌, 卢泰宏. 区域竞争的新战略: 基于协同的品牌资产构建 [J]. 中国软科学, 2005 (11): 107 -116.

[19] Anderson, M. Region branding: the case of the Baltic Sea region [J]. Place Branding and Public Diplomacy, 2007, 3 (2): 120 -130.

[20] 孙丽辉, 史晓飞. 地方产业集群与区位名牌簇群互动效应机理探析 [J]. 市场营销导刊, 2004 (1): 56 -58.

[21] 陆瑶, 徐利新. 个体嵌入品牌与产业集群品牌协同演化研究 [J]. 科技进步与对策, 2013, 30 (7): 72 -77.

[22] 李大垒. 产业集群品牌创建的影响因素 [J]. 经济管理, 2009, 31 (3): 18 -22.

[23] 卢慧, 江世龙, 胡守忠. 服装产业集群品牌的影响因素分析及模型构建 [J]. 丝绸, 2015, 52 (11): 74 -80.

[24] 王启万, 朱虹, 吴作良. 集群品牌创建关键影响因素研究: 基于生态视角 [J]. 科技进步与对策, 2014, 31 (15): 59 -64.

[25] 徐明, 盛亚军. 产业区域品牌培育研究 [J]. 经济纵横, 2015 (5): 102 -105.

[26] 杨建梅, 黄喜中, 张胜涛. 区域品牌的生成机理与路径研究 [J]. 科技进步与对策, 2005 (12): 22 -24.

[27] 夏曾玉, 谢健. 区域品牌建设探讨: 温州案例研究 [J]. 中国

工业经济，2003（10）：43－48.

[28] 尤振来，倪颖．区域品牌与企业品牌互动模式研究：以轮轴型产业集群为背景［J］．科技管理研究，2013，33（10）：79－83.

[29] 熊爱华，汪波．基于产业集群的区域品牌形成研究［J］．山东大学学报（哲学社会科学版），2007（2）：84－88.

[30] 赵卫宏，周南，朱海庆．基于资源与指导视角的区域品牌化驱动机理与策略研究［J］．宏观经济研究，2015（2）：26－38.

[31] Pedersen S B. Place branding: giving the region of Oresund a competitive edge [J]. Journal of Urban Technology, 2004, 11 (1): 77－95.

[32] 熊曦，柳思维，蒋凌峰．区域产业品牌培育与形成内在机理的实证分析：以湖南工程机械产业为例［J］．江汉学术，2013，32（4）：31－36.

[33] 熊爱华．区域品牌与产业集群互动关系中的磁场效应分析［J］．管理世界，2008（8）：176－177.

[34] 孙丽辉．区域品牌形成与效应机理研究：基于温州集群品牌的实证分析［M］．北京：人民出版社，2010.

[35] 马骁，肖阳．基于产业集群类型的区域产业品牌发展研究［J］．价值工程，2008（3）：19－21.

[36] 任春红，丛玉飞．集群产业优势对区域品牌形成的作用机理研究：以温州典型产业集群为例［J］．地域研究与开发，2012，31（1）：14－19.

[37] 何彬斌，刘芹．产业集群品牌的驱动机理及提升路径分析［J］．经济研究参考，2016（14）：47－57.

[38] 张叶，鞠芳辉．区域品牌构建机理研究：基于宁波市区域品牌建设现状分析［J］．浙江万里学院学报，2014（1）：36－40.

[39] 孙丽辉．基于中小企业集群的区域品牌形成机制研究：以温州为例［J］．市场营销导刊，2007（3－4）：54－58.

[40] 郑海涛，周海涛．走向高端：广东产业集群升级战略研究［M］．北京：经济科学出版社，2006.

[41] 赵广华，任登魁．产业集群品牌提升的机理和路径［M］．北京：科学出版社，2009.

[42] 刘青．区域产业品牌的形成机理研究［J］．商业经济研究，

2016 (10): 44 -46.

[43] 孙丽辉. 区域品牌形成中的地方政府作用研究 [J]. 当代经济研究, 2009 (1): 44 -49.

[44] 肖阳, 谢远勇. 产业集群视角下的区域品牌培育模式分析 [J]. 福州大学学报 (哲学社会科学版), 2010, 24 (6): 26 -30.

[45] 沈鹏熠, 郭克锋. 基于产业集群的区域品牌建设: 模式、路径与动力机制 [J]. 特区经济, 2008 (06): 145 -146.

[46] 胡大立, 谌飞龙, 吴群. 企业品牌与区域品牌的互动 [J]. 经济管理, 2006 (5): 44 -48.

[47] 李大垒, 仲伟周. 产业集群品牌发展模式转换的实证研究 [J]. 商业经济与管理, 2008 (8): 53 -60, 67.

[48] 廖建起. 区域品牌与企业品牌的关系 [J]. 中国科技信息, 2006 (12): 201 -202.

[49] 马向阳, 刘肖, 焦杰. 区域品牌建设新策略: 区域品牌伞下的企业品牌联合 [J]. 软科学, 2014, 28 (1): 26 -30.

[50] 池仁勇, 李瑜娟, 刘娟芳. 基于多维评价指标体系的集群品牌发展驱动模式研究 [J]. 科技进步与对策, 2014, 31 (19): 69 -74.

[51] 熊爱华. 基于产业集群的区域品牌培植模式比较分析 [J]. 经济管理, 2008, 30 (16): 80 -85.

[52] 赵占恒. 区域品牌培育模式浅析 [J]. 北方经贸, 2009 (12): 49 -51.

[53] Zhang J, Jiang Y, Shabbir R, Du M. Building industrial brand equity by leveraging firm capabilities and co - creating value with customers [J]. Industrial Marketing Management, 2015, 51 (1): 47 -58.

[54] Anana E, Nique W. Perception - based analysis: an innovative approach for brand positioning assessment [J]. Database Marketing & Customer Strategy Management, 2010, 17 (1): 6 -18.

[55] Wang H J. A brand - based perspective on differentiation of green brand positioning: a network analysis approach [J]. Management Decision, 2017, 55 (7): 1460 -1475.

[56] Jalkala A M, Keranen J. Brand positioning strategies for industrial firms providing customer solutions [J]. Journal of Business & Industrial Mar-

keting, 2014, 29 (3): 253 -264.

[57] Vukasovic T. Searching for competitive advantage with the aid of the brand potential index [J]. Journal of Product & Brand Management, 2009, 18 (3): 165 -176.

[58] 邬爱其. 超集群学习与集群企业转型成长: 基于浙江卡森的案例研究 [J]. 管理世界, 2009 (8): 141 -156.

[59] Pasquinelli C. Branding as urban collective strategy - making: the formation of Newcastle Gateshead's organizational identity [J]. Urban Studies, 2014, 51 (4): 727 -743.

[60] 张胜涛, 杨建梅, 邓恢华. 集群与品牌整合策略的实证研究: 狮岭皮具产业 [J]. 南方经济, 2005 (7): 54 -56.

[61] Anselmsson J, Johansson U, Person N. Understanding price premium for grocery products: a conceptual model of customer - based brand equity [J]. Journal of Product & Brand Management, 2007, 16 (6): 401 -414.

[62] Christodoulides G, Chernatony L. Consumer - based brand equity conceptualization and measurement: a literature review [J]. Journal of Market Research, 2010, 52 (1): 43 -65.

[63] Keller K L. Conceptualizing, measuring, and managing customer - based brand equity [J]. Journal of Marketing, 1993 (1): 1 -29.

[64] Raithel S, Taylor C R, Hock S J. Are Super Bowl ads a super waste of money? Examining the intermediary roles of customer - based brand equity and customer equity effects [J]. Journal of Business Research, 2016, 69 (9): 3788 -3794.

[65] Cesar M J, Lenor V D C, Azar S L, Raquel A A, Pires D S B. Brand gender and consumer - based brand equity on Facebook: the mediating role of consumer - brand engagement and brand love [J]. Journal of Business Research, 2019, 96 (2): 376 -385.

[66] Keller K L, Lehmann D R. How do brands create value? [J]. Marketing Management, 2003, 12 (3): 26 -31.

[67] Fischer M, Himme A. The financial brand value chain: how brand investments contribute to the financial health of firms [J]. International Journal of Research in Marketing, 2017, 34 (1): 137 -153.

[68] Anselmsson J, Bondesson N. Brand value chain in practice; the relationship between mindset and market performance metrics: A study of the Swedish market for FMCG [J]. Journal of Retailing and Consumer Services, 2015, 25 (6): 58 - 70.

[69] Kavaratzis M. From " necessary evil" to necessity: stakeholders' involvement in place branding [J]. Journal of Place Management and Development, 2012, 5 (1): 7 - 19.

[70] Baker M, Hincks S, Sherriff G. Getting involved in plan making; participation and stakeholder involvement in local and regional spatial strategies in England [J]. Environment and Planning C: Government and Policy, 2010, 28 (2): 574 - 579.

[71] Martinez N M. Towards a network place branding through multiple stakeholders and based on cultural identities: the case of " the coffee cultural landscape" in Colombia [J]. Journal of Place Management and Development, 2016, 9 (1): 73 - 90.

[72] 吴传清. 区域产业集群品牌理论研究进展：以广东学者的研究文献为考察对象 [J]. 学习与实践, 2009 (2): 53 - 61.

[73] Sandbacka J, Natti S, Tahtinen J. Branding activities of a micro industrial services company [J]. Journal of Service Marketing, 2013, 27 (2): 166 - 177.

[74] 沙振权，梁韵莹，何美贤. 产业集群品牌与群内企业品牌的互动关系分析 [J]. 商业经济研究, 2013 (23): 42 - 43.

[75] Granovetter M. Economic action and social structure: the problem of embeddedness [J]. American Journal of Sociology, 1985 (4): 481 - 510.

[76] Slack T, Cope M R, Jensen L, Tickamyer A R. Social embeddedness, formal labor supply, and participation in informal work [J]. International Journal of Sociology and Social Policy, 2017, 37 (3/4): 248 - 264.

[77] Hsueh J T, Lin N P, Li H C. The effects of network embeddedness on service innovation performance [J]. The Service Industries Journal, 2010, 30 (10): 1723 - 1736.

[78] 向永胜，魏江，郑小勇. 多重嵌入对集群企业创新能力的作用研究 [J]. 科研管理, 2016, 37 (10): 102 - 111.

[79] Dayasindhu, N. Embeddedness, knowledge transfer, industry clusters and global competitiveness: a case study of the India software industry [J]. Technovation, 2002, 22 (9): 551 – 560.

[80] 张慧，周丹．集群企业网络嵌入对协同创新影响的实证研究[J]．华东经济管理，2013，27 (12)：59 – 64.

[81] Morosini P. Industrial clusters, knowledge integration and performance [J]. World Development, 2004, 32 (2): 305 – 326.

[82] 梁娟，陈国宏．多重网络嵌入与集群企业知识创造绩效研究[J]．科学学研究，2015，33 (1)：90 – 97.

[83] 王雷，姚洪心．全球价值链嵌入对集群企业创新绩效的影响[J]．科研管理，2014，35 (6)：41 – 46.

[84] Gebreeyesus M, Mohnen P. Innovation performance and embeddedness in networks: evidence from the Ethiopian footwear cluster [J]. World Development, 2013, 41 (1): 302 – 316.

[85] 庄小将．结构嵌入性对集群企业技术创新绩效的影响 [J]．技术经济与管理研究，2016 (2)：19 – 24.

[86] Uzzi B. Social structure and competition in interfirm networks: the paradox of embeddedness [J]. Administrative Science Quarterly, 1997, 42 (1): 35 – 67.

[87] Tsai W. Knowledge transfer in intraorganizational networks: effects of network position and absorptive capacity on business unit innovation and performance [J]. Academy of Management, 2001, 44 (5): 996 – 1004.

[88] 贾春增．外国社会学史（第 3 版）[M]．北京：中国人民大学出版社，2008.

[89] 傅正元．帕森斯的社会学理论 [J]．国外社会科学，1982 (11)：63 – 68.

[90] Park C, Ward P. An analysis of role adoptions and scripts during customer – to – customer encounters [J]. European Journal of Marketing, 2000, 34 (3/4): 341 – 358.

[91] Tormala M, Saraniemi S. The roles of business partners in corporate brand image co – creation [J]. Journal of Product & Brand Management, 2018, 27 (1): 29 – 40.

[92] Mukherjee A, Balmer, J M T. New frontiers and perspectives in corporate brand management: in search of a theory [J]. International Studies of Management and Organizations, 2006, 37 (4): 3 – 19.

[93] Robert S, Wyer Jr, Thomas K. Srull. Person memory and judgment [J]. Psychological Review, 1989, 96 (1): 58 – 83.

[94] Jean H. Service quality: a tutorial [J]. Journal of Operations Management, 1998, 16 (5): 583 – 597.

[95] Parasuraman A, Zeithaml A, Berry L. Servqual: a multiple – item scale for measuring customer perceptions of service quality [J]. Journal of Retailing, 1998, 64 (1): 12 – 40.

[96] Jun S P, Park D H. Visualization of brand positioning based on consumer web search information: using social network analysis [J]. Internet Research, 2017, 27 (2): 381 – 407.

[97] Henderson G R, Lacobucci D, Calder B J. Brand diagnostics: mapping branding effects using consumer associative networks [J]. European Journal of Operational Research, 1998, 111 (2): 306 – 327.

[98] 阮建青, 石琦, 张晓波. 产业集群动态演化规律与地方政策 [J]. 管理世界, 2014 (12): 79 – 91.

[99] Hill T J. Manufacturing Strategy [M]. Basingstoke: Macmillan, 1985.

[100] Boyer K K, Lewis M W. Competitive priorities: investigating the need for trade – offs in operations [J]. Production and Operations Management, 2002, 11 (1): 9 – 20.

[101] Tang Z, Chen R, Ji X. An innovation process model for identifying manufacturing paradigms. International Journal of Production Research, 2005, 43 (13): 2725 – 2742.

[102] Tang Z, Chen R, Ji X. Operational tactics and tenets of a new manufacturing paradigm 'Instant Customerisation'. International Journal of Production Research, 2005, 43 (14): 2873 – 2894.

[103] Roy D, Banerjee S. Identification and measurement of brand identity and image gap: a quantitative approach [J]. Journal of Product & Brand Management, 2014, 23 (3): 207 – 219.

[104] Samli A C, Kelly J P, Hunt H K. Improving the retail performance

by contrasting management – and customer – perceived store images: a diagnostic tool for corrective action [J]. Journal of Business Research, 1998, 43 (1): 27 – 38.

[105] Sustar B, Sustar R. Managing marketing standardization in a global context [J]. Journal of American Academy of Business, 2005, 7 (1): 302 – 309.

[106] Nandan S. An exploration of the brand identity – brand image linkage: a communications perspective [J]. Journal of Brand Management, 2005, 12 (4): 264 – 278.

[107] Yin R K. Case Study Research: Design and Methods [M]. Sage Publication, 2009.

[108] Eisenhardt K M Building theories from case study research [J]. Academy of Management Review, 1989, 14 (2): 532 – 550.

[109] Eisenhardt K M, Graebner M E. Theory building from cases: opportunities and challenges [J]. Academy of Management Review, 2007, 50 (1): 25 – 32.